山东大学儒学高等研究院尼山文库

尼山文库

儒教问题研究

黄玉顺 著

人民出版社

责任编辑:张　旭
封面设计:周方亚

图书在版编目(CIP)数据

儒教问题研究/黄玉顺 著. -北京:人民出版社,2012.8
(尼山文库)
ISBN 978－7－01－010861－2

Ⅰ.①儒…　Ⅱ.①黄…　Ⅲ.①儒家-研究　Ⅳ.①B222.05

中国版本图书馆 CIP 数据核字(2012)第 081126 号

儒教问题研究

RUJIAO WENTI YANJIU

黄玉顺　著

人 民 出 版 社 出版发行
(100706　北京朝阳门内大街 166 号)

北京瑞古冠中印刷厂印刷　新华书店经销

2012 年 8 月第 1 版　2012 年 8 月北京第 1 次印刷
开本:700 毫米×1000 毫米 1/16　印张:12.5
字数:198 千字

ISBN 978－7－01－010861－2　定价:27.00 元

邮购地址 100706　北京朝阳门内大街 166 号
人民东方图书销售中心　电话 (010)65250042　65289539

前　言

　　自近现代以来，中国的命运问题始终是与儒家儒学的命运问题密切联系在一起的；[①] 而儒家儒学的衰落与复兴，又始终是与围绕"儒教"问题的争论密切联系在一起的。因此，我们看到，"儒教"问题始终是近代、现代和当代中国思想学术领域的一个重大问题，学界围绕这个问题的争论持续不断地出现高潮。

　　本书所收录的文字，是作者近十年来关于"儒教"问题的思考结果，绝大部分是已发表过的文章，今结集为《儒教问题研究》出版。全书包括五大部分：

　　（一）"儒教问题与中国哲学"部分，是在一般哲学和一般宗教学的层面上研究宗教问题与"儒教"问题的理论成果。包括：（1）论哲学与宗教中的超越与信念；（2）论"超越"与中国"三教"的超越方式；（3）关于佛道儒的"宗教超越性"问题；（4）论哲学与宗教的超越观念——评"儒教"说与"内在超越"说。这些主题有所不同的论述之间，在内容上有些重复的地方，也是行文方便的需要。

　　（二）"儒教问题与当代'儒教'评论"部分，是对当代"儒教"问题的一场争论的著名代表人物的观点的分析评说。包括：（1）首届全国儒教

[①]　参见黄玉顺《儒学与中国之命运——纪念五四运动 90 周年》，《学术界》2009 年第 3 期。

问题研讨会上的主持语与发言;① （2）儒教与形而上学问题——对鞠曦、陈明、蒋庆的评论。

（三）"儒教问题与生活儒学"部分，是根据我所创立的、作为当今重要儒学派别的"生活儒学"的观念，来对"儒教"问题进行的思想理论探索。② 包括：（1）儒教论纲——儒家之仁爱、信仰、教化及宗教观念；（2）生活儒学的儒教观念；（3）诚者何罪？——《〈中庸〉君子论》评议（这是对著名基督教兼儒家学者谢文郁教授的一篇文章的批评，该文及拙文均将在《哲学门》刊出）。

（四）"儒教问题与当前'儒教'批评"部分，可以说是对当前最新一轮"儒教"问题争论的忠实记录。③ 包括：（1）反求诸己：儒者何为——关于曲阜拟建基督教堂事件的几点思考；（2）儒家自有教法，不宜效法宗教——关于当前"儒教"问题的几点看法；（3）再论当前"儒教"问题；（4）就当前"儒教"问题致陈勇先生；（5）《庚寅"儒教"问题争鸣录》前言；（6）质问"儒教"：儒者何为？

（五）"附录"部分，收入一篇译文《预设的概念》，作者为西方两位著名语言学家 Hadumod Bussmann 和 George Yule，黄玉顺译。我之所以从事这项翻译，乃是鉴于："预设"（presupposition）概念的澄清，乃是弄清"儒教"、宗教乃至一般哲学的实质的一个必要的理论条件，而人们对此却不甚了了。

通过以上研究，《儒教问题研究》一书较为全面地涉及了当代"儒教"问题研究的重要方面及其最新进展，或许具有一定的理论价值和现实意义，故结集出版，献给广大读者，以待批评指正。

我曾说过，儒家儒学在未来十年的发展，可能有两个热点：一个热点是

---

① 这是由中国社科院儒教研究中心主办的、于 2005 年 12 月在广东从化召开的首届全国儒教问题研讨会。

② 关于"生活儒学"，参见黄玉顺《爱与思——生活儒学的观念》，四川大学出版社 2006 年版；《面向生活本身的儒学——黄玉顺"生活儒学"自选集》，四川大学出版社 2006 年版；《儒家思想与当代生活——"生活儒学"论集》，光明日报出版社 2009 年版；《儒学与生活——"生活儒学"论稿》，四川大学出版社 2009 年版；《生活儒学讲录》，安徽人民出版社 2012 年版。

③ 关于这场争论，参见黄玉顺主编《庚寅"儒教"问题争鸣录》，河南人民出版社 2011 年版。

广义的"政治儒学"，就是以儒学原理来处理社会规范建构及其制度安排的问题；① 另一个热点则是广义的"儒教"，就是以儒家的一些基本观念为信仰的传播活动，其中包括狭义的"儒教"、即现代宗教意义上的"儒教"。就此而论，可以预见，"儒教"问题仍然会是一个重大的理论问题、现实问题，值得继续加以关注。

---

① 本人正在进行的"中国正义论——中国古典制度伦理学"研究亦属这个范畴。

目　录

一、儒教问题与中国哲学

二、儒教问题与当代"儒教"评论

三、儒教问题与生活儒学

四、儒教问题与当前"儒教"批评

五、附　录

一、儒教问题与
中国哲学

论哲学与宗教中的超越与信念^①

宗教与哲学中有一些带根本性的问题，如果不加以澄清，我们就无法透彻地理解宗教与哲学。"超越"与"信念"以及"预设"的关系就是这样的根本性问题。

一、问题的提出

1. 超越问题

近年来，中国传统文化、尤其是儒学是否具有"超越性"的问题，再次引起了中国哲学阐释者们的普遍关注。这与另一个问题密切相关：儒学或"儒教"^② 究竟是不是一种宗教？似乎越来越多的人，尤其是现代新儒家学者，愿意相信儒学确实是一种宗教，或者具有宗教性。^③ 但是儒学与通常所见的宗教又确实具有一些显而易见的重要区别，于是近年人们较多地谈论儒

---

① 转自 www. doc88. com，2002—02—12。此文作于 2002 年初。

② 儒家之被称为"儒教"以及"三教"之说，虽然由来已久，但是当初所谓"教"，其本义并不是说的宗教，而只是说的"教化"。中国古代虽有宗教，但是并无现今"宗教"这个观念。古来"三教"具有一种共同的社会功能，就是教化作用。

③ 视儒家为宗教，实际上有两种立场：一是以任继愈先生为代表的立场，对儒家的宗教性"唯心主义"持批判态度；一是以海外新儒家为代表的立场，对儒家的宗教"超越性"持认同捍卫的态度。

家的所谓"内在超越"问题。① 他们认为西方宗教的超越是一种"外在超越",即在人的存在之外的彼岸去寻求一种超越性存在者,例如上帝;而中国的儒学也追求超越,但并不在人的存在之外去寻求这种超越性存在者,故而是一种"内在超越"。

这种意见是建立在这样一种逻辑的基础之上的:只要具有超越性的就是宗教或具有宗教性,因为只有宗教才有超越性;儒学具有超越性,因而儒学也是一种宗教,至少可以说具有宗教性或宗教精神。本文的任务不在说明儒学究竟是否宗教,而在澄清:是否只有宗教才存在超越性问题?超越性的实质是什么?它的观念前提是什么?

我们注意到,"超越"观念并不仅仅是宗教特有的,它与哲学的"超验"、"先验"问题直接相关:它们都是 transcend 一词及其一系列派生词的汉译,依其使用场合的不同,宗教上译为"超越",而哲学上则通常译为"超验"、"先验"。现今西方哲学研究者从先验哲学的角度讨论胡塞尔现象学的 transzendental(先验论的)问题,而中国哲学研究者则从宗教精神的角度讨论儒学的"超越性"(the characteristic of transcending)问题,他们往往自说自话,结果造成了一些理论混乱而不自知。当然,这并不仅仅是汉语翻译当中带来的问题,西方人自己仍然有这类纠缠。例如胡塞尔的现象学,一方面坚决拒绝任何"超验存在"或者"超越性存在者"(Transzendenz),另一方面却竭力主张"面向事情本身",也就是"还原"到"先验意识"(Transzendental bewusstsein)。其实,哲学的"先验"、"超验"与宗教的"超越"语出同源而相通;先验和超验也是某种超越,尽管不是宗教式的超越。

2. 信念问题

这是一个人们很少谈到的问题:超越问题与信念(Belief)问题是密切相关的。迄今为止,人们在谈论超越问题时,很少想到它与信念的关系。然而事实上,不论宗教还是哲学,凡超越都是基于信念的。因为超越就是超出

---

① 这个问题的由来在于:鉴于有人以中国传统文化缺乏西方那种宗教超越精神而否定中国文化传统的现代价值,某些学者针锋相对地提出,西方式的超越只是一种"外在超越",而中国儒家式的是"内在超越"。

自身，追求某种超越性存在者。然而这种超越性存在者，无论上帝还是理念、天、道、至善之类，总之，任何终极性存在者，其存在本身都是不可求证的，而只是一种信念。信念就是"相信"某物存在。没有这种信念，就谈不上超越，乃至于根本就不会产生任何超越的意图。一般来说，超越追求基于两种基本的信念：一个表现为事实判断，即相信它是存在的；一个表现为价值判断，即相信它是纯粹的、绝对的、至善的等等。事实上，人之追求超越，是必须拥有这种信念的。超越就是追求某物，而追求某物的首要前提便是相信它存在。佛家的成佛，道家的成仙，基督教的皈依上帝和向往天国，莫不基于对佛祖境界、神仙世界和上帝天国的存在信念。谁也不会去追求那明知道是虚无缥缈的海市蜃楼的东西。

不仅如此，这里还有另外一个信念：自我存在。追求某种超越性存在者，就要超出自身存在，其前提是我们对这两者（transcendence, existence）的存在都是深信不疑的。康德有一段著名的话与此论题密切相关："有两种东西，我们愈经常愈持久地加以思索，它们就愈使心灵充满日新月异、有加无已的景仰和敬畏：在我之上的星空和居我心中的道德法则。"① 前者与对超越性存在者的信念有关，后者与对我们自我存在的信念有关。庄子虽然怀疑到底是庄生梦蝶、还是蝶梦庄生，但是他显然仍然相信有某种自我的主体存在：不是庄生就是蝴蝶，作为"梦者"存在着。

3. 预设问题

如果说超越是基于信念的，那么信念就是基于预设（presupposition）的。以上不可求证的信念乃是我们的思维乃至行为的观念前提，这种"不证自明"的前提其实就是预设。我们的视听言动都是基于这类观念的，虽然我们不一定意识到。表现在话语中，这种我们深信不疑的作为言行的前提条件、但是没有说出来、甚至没有意识到的东西，正是典型的语义预设。我们注意到，近年来"预设"这个词语在国内哲学领域的著述中日益频繁地出现，似乎正在成为哲学思维的一种不可或缺的话语；但是另一方面，对"预设"本身、尤其是它与哲学和宗教的关系的讨论却付诸阙如。其结果是

---

① 康德著，韩水法译：《实践理性批判》，商务印书馆 1999 年版，第 177 页。

"预设"这个术语的大量误用，同时它对于哲学和宗教的重要意义却并没有得到适当的彰显。

"预设"确实是个极为重要、但是国内一般学术界、尤其是哲学界和宗教学界迄今罕有研究的课题。即便是在国外，较多的研究也都是在逻辑学、语义学和语用学领域进行的，而且即使在语言学界，"人们已更少地表现出关于对这些现象的逻辑分析的技术性讨论类型的兴趣"[1]，这是因为人们感到这实在是一个过于复杂的问题，以至"带来了诸多争论"；"该术语还不是清楚明白的，一方面是因为从逻辑概念向自然语言的转移并不是由一套转换演算规则支配的；另一方面则是因为，即便在最好情况下，逻辑学和语言学的关系以及两者在自然语言分析中的角色也还是不清楚的"[2]。但是，"预设"对于我们理解宗教与哲学中的超越与信念问题是非常重要的概念，不可不予讨论。

二、超越问题的视域

讨论任何问题须事先确定其理论视域，"超越"问题亦然。

1. 个体性视域（Horizon of individuality）

首先必须确定，超越问题纯粹是一个关于个体的问题，或者说，它是从个体问题出发的。一切哲学和宗教问题都是发源于自我意识的，超越问题的起因乃是自我意识的某种内在紧张，而自我意识必定首先是一种个体意识。人从意识到自身的存在、自身与众不同的独特存在那一刻开始，借用存在主义的说法，他就注定陷入"操心"和"烦"、"畏"之中，其中最严重的就是"存在与时间"[3] 的问题：他意识到自身"此在"（Dasein）在时间上乃是非常有限的，或者通俗地说，他知道自己总

---

① George Yule：*Pragmatics*. Chapter 4：Presupposition and Entailment. *Oxford Introduction to Language Study*. Oxford University Press 1996.

② Presupposition, quoted from Hadumod Bussmann's *Dictionary of Language and Linguistics*. English edition © Routledge 1996.

③ 这是海德格尔前期代表作《存在与时间》的主题。

有一天要死。海德格尔（Martin Heidergger）说过："在世的'终结'就是死亡。这一属于能在亦即属于生存的终结，界定着、规定着此在的向来就可能的整体性"；"在畏这种现身情态中，被抛进死亡的状态对它绽露得更原始更中切些"；"此在在死亡中达到整全同时就是丧失了此之在。"然而它所导向的却是一种超越："能在"。"此在的死亡是不再能此在的可能性。当此在作为这种可能性悬临于它自身之前时，它就被充分地指引向它最本己的能在了"；"畏死不是个别人的一种随便和偶然的'软弱'情绪，而是此在的基本现身情态，它展开了此在作为被抛向其终结的存在而生存的情况"；"畏所为而畏者则完完全全是此在的能在"。① 狄尔泰（W. Dilthey）说："归根结底，从生到死，这一关联最深刻而普遍地规定了我们此在的感受，这是因为那由死而来的生存的界限，对于我们对生的领会和评价，总是具有决定性的意义。"② 超越的问题，本质上是关于"不朽"的问题。西语 to transcend 的原义，是指"超出……范围"。追求某种无限性的存在，首先就是超出有限性的自我存在或者"此在"。这就是超越问题的个体性原则。

2. 先验性视域（Horizon of apriority）

第二点需要明确的是：超越问题是从"超越经验"开始的。上述种种"操心"、"烦"、"畏"意识都是通过经验给与的，都是直观感知的"原初所与"（originär gebende，胡塞尔语，the primordial given）。"第一位的、'自然的'认识领域以及该领域中一切科学的这种给与的直观，就是经验"；一方面，"我们在'外在知觉'中对自然事物有着原初的经验"；另外一方面，"我们在所谓内知觉或自我知觉中有对我们自己和对我们意识状态的原初经验"。③ 自我意识是内在经验与外在经验对照的结果。所以，超越的最初含义就是从经验开始而超出经验。胡塞尔现象学就是一个典型，它从自然立场

---

① 海德格尔：《存在与时间》，三联书店 1999 年版，第 269、288、273、288 页。
② 转引自海德格尔《存在与时间》第二篇第一章第 49 节原注，第 286 页。
③ 胡塞尔：《纯粹现象学通论》，商务印书馆 1992 年版，第 48 页。胡塞尔这里所论列的乃是经验主义的所与，而这正是他所"悬搁"的；在他看来，真正的原初所与乃是纯粹先验意识。这就是先验主义和经验主义的根本区别所在。

（natural standpoint）的经验意识开始，然后把它"置入括符"（Einklammerung）之中"悬搁"（Epoché）起来，通过"还原"（Reduktion），在"直观"（Auschaung）中达到"先验意识"（Transzendental Bewusstsein）。惟其如此，有一派哲学是决不谈论超越问题的，那就是经验主义者。他们认为，经验之外的任何存在都是不存在的，或者是不可知的。例如现代分析哲学，如维特根斯坦认为，关于经验以外的存在理论都是形而上学的胡说。所以，最低限度的超越就是超越个体的经验存在。

3. 存在论视域（Horizon of ontology）

正因为如此，超越问题本质上是一个存在论问题，或者叫做形而上学问题，因为它总是指涉着在个体经验存在之外的某种终极存在者（Ultimate Being），这种终极存在者作为"终极因"（the ultimate cause），作为"原初给与"，是一种"绝对的在先"（the absolute prior）——不论在时空上、还是在逻辑上。在时空上，它就是所谓"本体"（Noumenon）；在逻辑上，它就是语义"预设"（Presupposition）。我们当下的经验性质的言谈，总是指涉着经验背后的某种存在承诺。为此，我们可以观念地无穷倒溯，于是，对人来说，在一种宽泛的意义上，超越问题指涉的就是一个绝对的、终极的、纯粹的"所与"（gebende / the given）。假如我们把这种原初的所与规定为感知经验，如上所述，那就不存在超越问题了；而一旦不满足于感知，试图超越经验范畴，这种所与就会因人而异，它可能是先验理性、纯粹自我意识或者心性良知、理念或者"天理""天道"、上帝或者"天""命"，等等。这就是典型的存在论问题了。

总起来说，超越有三个基本的理论视域：关于超越者（transcender）的个体性原则，关于超越物（transcendence）的存在性原则，关于超越方式（the manner of transcending）的先验性原则或者非经验性原则。如西方基督教的观念，"灵魂""获救"问题就是一个纯粹个体性问题；现世的经验生存乃是苦难，"天堂"则是一种超验性的存在；"上帝"作为超越性存在物，是一切存在的本原和本质。

三、超越的谱带

归纳古今中外的哲学和宗教，我们就可以给出一个统一的"超越谱带"（transcending spectrum）①，或曰"哲学与宗教的超越连续统"（the continuum of transcending between philosophy and religion）。

1. 超越经验（transcending experience）

这是理性主义哲学的最低要求。这种意义的超越，准确的含义是指的 apriori（prior-to-origin）：先验的；或者演绎的，由因推果的。与之相对的则是 aposteriori（posterior-to-origin）：经验（之后）的，根据经验的；或者归纳的，由果溯因的，由事实推原理的。前者作为一种哲学立场，就是 apriorism：先验论；或者先验原理，演绎推论。作为一种哲学方法，则是 apriority：先验法，或者先验性。我说它是"理性主义哲学的最低要求"，例如，虽然笛卡儿及胡塞尔的先验论只是超越经验的，他们坚决反对以任何"超验"存在（transcendance / Transzendenz）为预设②；但是柏拉图或黑格尔的先验论却正是以这种超验存在或者超越存在物为其预设的，那就是他们的"理念"（Idee / idea）。这是两种截然不同的理性主义，但都是从超越感知经验开始的。

2. 超越理性（transcending reason）

这是意志主义、生命哲学、甚至某些存在主义哲学的最低要求。近代以来的所谓"人文主义"哲学派别基本上是这种超越理性的哲学。他们被称为"非理性主义"的，乃是因为在他们看来，就其所要把握的对象来看，不仅经验、即使理性也不是初始的存在。真正原初的所与乃是意志③或者

---

① 这里似有必要指出：这个谱带并不表明思维水平的高低梯级，而是平行的，即只表明各种不同的观念对于终极存在的不同理解而已。

② 胡塞尔以 transzendental（先验的）纯粹意识作为绝对原初所与，而坚决反对以任何 Transzendenz（超越物）为预设。前者在人的意识之内，而后者在人的意识之外。

③ 此意志不仅指心理范畴的指向行为的"意志"，而且包含了情感、乃至于潜意识冲动在内。

"生命冲动"。就其方法来看，则是直觉主义的或者"顿悟"的方法，因为他们认为经验和理性都是靠不住的。这种超越理性的哲学仍然只是"先验的"（虽然不是理性主义的），而非"超验的"，没有任何"神秘主义"的特征，因为"意志"或"生命冲动"虽然可以被本体论化（如叔本华或柏格森），但它们本身仍旧内在于意识。

3. 超越自我意识（transcending self-consciousness）

这是一切非经验论的实在主义哲学、包括唯物主义①哲学的最低要求。在这种观点看来，实在或物质既不是理性给与的，也不是经验给与的，甚至不是任何自我意识给与的，而是自在的，"不以人的意志为转移的"。对人的意识来说，它是纯粹外在的，也是纯粹先在的。换句话说，它承认某种"超越物"（Transcendent）。上面第一类所谈到的那种更高要求的理性主义的经验超越，例如柏拉图、黑格尔的哲学，其实也是一种实在主义，因为他们关于原初所与的预设也是某种超越经验的客观实在。所以，所谓"理性主义"，在超越问题上实际上有两种：一种是反对超越性存在物的预设的，如笛卡儿、胡塞尔；一种是肯定超越存在预设的，如柏拉图、黑格尔。过去我们把前者称为"主观唯心主义"，把后者称为"客观唯心主义"。

4. 超越物质世界（transcending the physical world）

这也可以叫做超越一切时空存在（transcending any spatial-temporal beings）。这是一切宗教的最低要求。中国的道教和西方的基督教都是如此。宗教的根本特征，就是以某种"超越存在"或"超越物"（Transcendent）为其原初预设。道教的超越物，一个方面是"道"，它是"天地之始"、"万物之母"，但却不是这个作为物质世界的"天地万物"本身，而是在它之外的存在。但这还不足以成为宗教的超越，毋宁说更近于柏拉图、黑格尔的理念。但是另外一个方面，道教超越物又可以是"神""仙"以及由神仙所组成的彼岸世界。这就成为了典型的宗教性超越物了。西方的基督教则认为，

---

① 黄玉顺：《实践主义：马克思哲学论》，《学术界》2000 年第 4 期。这种"唯物主义"不应该包括马克思本人的哲学。

只有上帝才是真正原初的实在存在，一切出于上帝、归于上帝。这同样是典型的宗教的超越性存在物。

5. 超越任何实在（transcending any real beings）

这是佛教大乘空宗的要求。在这种观点看来，没有任何东西——包括心识、西方极乐世界、上帝或者神仙——是实在的。根本没有实在的东西，一切皆"空"，都是所谓"缘起性空"的结果。下面我们将要谈到，这种要求是不可能的；否则，反而使它失去了典型的宗教特征。

以上这个谱带似乎表明了：哲学超越与宗教超越是截然不同的。其实不然，我之所以特别标明"最低要求"，是因为某些哲学的更高追求也跟宗教一样，是试图超越一切物质世界的时空存在。例如柏拉图的"理念"、黑格尔的"绝对理念"便是如此。这也是宗教与哲学的相通之处。在我看来，哲学与宗教的区别并不在于是否预设了这种绝对超越存在，而在于这种绝对的超越性存在者是不是具有人格神的特征，即是否具有神的"位格"（Person）。例如佛教，即便是大乘空宗那样主张一切皆"空"的宗教，也有"佛"（Buddha）的位格。

四、信念问题

前面说过，超越基于"信念"（Belief）。通常"信念"这个词有两个使用维度：一是指向理想的，例如人们常说的"共产主义信念"；一是指向现实的，例如皮尔士（Charles Peirce）著名论文《信念的确立》里所讲的就是这种信念，它是关于存在的真理。"皮尔士概括地提出一个为信仰进行解释和辩明的科学的和实用主义的方法。而正是这个方法（皮尔士在这方面对探究和信仰的分析）构成了一种实用主义的真理理论。"[1] 他讲了四种可能的确立信念的方法："固执的方法"、"权威的方法"、"先验的方法"（理性主义方法）、"科学的方法"（经验主义方法）。皮尔士作为实用主义者是

---

① 出自 H. S. 塞耶《实用主义》，原载《美国百科全书》1972 年版。洪谦主编：《近现代西方主要哲学流派资料》，商务印书馆 1981 年版，第 168 页。

赞成后者的，他说："现实事物的唯一作用是造成信念，因为所有由现实事物刺激而来的感觉都以信念的形式出现在意识中。"① 当我们的意向指向未来时，那就是理想性信念；当指向现实时，那就是现实性信念。

进一步说，理想性信念基于存在性信念。我们向往天国，乃是因为我们相信它是存在着的。这里，安瑟伦的一句话颇具象征意义："我决不是理解了才能信仰，而是信仰了才能理解。"② 稍加反思不难看出，这种信念乃是我们的日常言行、乃至宗教、科学、哲学的基础。其中有的信念是可以证明的，但是还有一些信念则是无法证明的。我们发现，对于人的行为来说，越是带有根本性的信念，越是无法给予所谓"证明"。③

为了更透彻地说明问题，我们且以人们通常以为最具有客观实在性的科学为例。对于科学来说，信念就是那种作为科学活动的不证自明的前提的观念。科学以这些观念为基础，但是科学自己并不探究这些观念本身。对这些观念本身的探讨，是哲学认识论或者知识论、尤其所谓"科学的哲学"的任务。我们知道，康德（I. Kant）的哲学就是这样提出问题的：科学"知识"何以可能？这里引用康德的一段话或许是恰当的："当人们看到一门科学经过长期努力之后得到长足发展而惊叹不已时，有人竟想到要提出像这样的一门科学究竟是不是可能的以及是怎样可能的这样的问题，这本来是不足为奇的，因为人类理性非常爱好建设，不只一次地把一座塔建成以后又拆掉，以便察看一下地基情况如何。"④ 信念就是科学之塔的地基，我们这里要察看一下它的情况如何。

全部科学是建立在这样三个共同承认的信念基础之上的：实在性信念、规律性信念、可知性信念。没有这些基本的预设信念，也就没有了科学研究。

1. 实在性信念（belief of reality）

一切科学活动的首要的观念基础，就是关于其研究对象的客观实在性的信念。"科学的基础就是关于实在的信念。……这种不可证实的关于'实

---

① ［英］哈利·威尔斯：《实用主义》，纽约国际出版社 1954 年版，第 37 页。
② 《西方哲学原著选读》上卷，商务印书馆 1981 年版，第 240 页。
③ 所谓"证明"，严格地讲指两种：或者是逻辑演绎的必然性，或者是经验感知的实在性。
④ 康德：《未来形而上学导论》，商务印书馆 1978 年版，第 4 页。

在'的信念当然不是科学——不论经验科学还是理论科学——所能提供的；而它倒是一切科学的前提，或者说，是一切科学由以出发的观念基础。任何一门具体的科学，总是一个逻辑的系统（包括演绎逻辑、'归纳逻辑'），也就是说，它总是以某种一般的'原理'来作为它的逻辑前提，这种前提对于该门科学来说便是所谓'不证自明'的东西，其实也就是它的一种信念。一门具体的科学依赖于这种信念，所有科学的总体同样依赖于这种信念。……现今物理学所提出的'超弦'概念……也同样不可'证实'，却正在成为越来越多物理学家的信念。"①

2. 规律性信念（belief of regularity）

科学家不仅深信他的研究对象是客观实在的，而且深信它是有规律可循的；他研究它的目的，正是要找出这种规律性。但是，事物规律性的客观实在性同样也是一个信念，即是科学家所必须接受、深信不疑，但却无法而且无须证明的一个观念。例如作为一种典型的规律性的所谓"因果性"，休谟早已提出了诘难，"他说：'第一，我们有什么理由说，每一个有开始的存在的东西也都有一个原因这件事是必然的呢？第二，我们为什么断言，那样一些特定的原因必然要有那样一些特定结果呢？我们的因果互推的那种推论的本性如何，我们对这种推论所怀的信念的本性又如何？'确实，科学以因果律的客观必然性为前提，却从不问、更不可能'证明'这种前提本身的性质如何；其实，这实在是一种信念而已。休谟指出：'我们如果不能指出，没有某种产生原则，任何东西决不能开始存在，那么我们同时也永远不能证明，每一个新的存在或存在的每一个新的变异都必然有一个原因；前一个命题如果不能证明，那么我们就没有希望能够证明后一个命题。但是前一个命题是绝对不能用理论来证明的。'"②

3. 可知性信念（belief of knowability）

科学家不仅相信其研究对象是客观实在的、有规律可循的，而且相信它

---

①　黄玉顺：《拒斥"形而下学"：论哲学及其与科学的关系》，（台湾）《鹅湖》2000 年第 2 期。
②　黄玉顺：《拒斥"形而下学"：论哲学及其与科学的关系》，（台湾）《鹅湖》2000 年第 2 期。

们也是可以为我们所认识的。这就是可知性信念。我们不能想象一个科学家一边在努力寻找其研究对象的规律，一边却在怀疑它是否可能为我们所认识。即使当代科学中关于量子的"波粒二象性"的莫衷一是，仍然没有动摇科学家们所持有的可知性信念。

关于这三个根本信念，爱因斯坦说过："相信有一个离开知觉主体而独立的外在世界，是一切自然科学的基础"；"相信世界在本质上是有秩序的和可认识的这一信念，是一切科学工作的基础"；"毫无疑问，任何科学工作，除完全不需要理性干预的工作以外，都是从世界的合理性和可知性这种坚定的信念出发的。"① 然而这三大信念，对于哲学来说则未必是不言而喻的。例如客观世界的实在性，对于经验主义的不可知论哲学家来说就是值得怀疑的。休谟（David Hume）和贝克莱（George Berkeley）都怀疑外在事物的客观实在性，这是众所周知的。甚至恩格斯也说过："在我们的视野的范围之外，存在甚至完全是一个悬而未决的问题。"② 所谓"在我们的视野的范围之外"，也就是在我们的认识、实践的范围之外，这样的客观存在只是一种悬而未决的东西。但是恩格斯、唯物主义者"相信"它是存在的，正如列宁所说："任何没有进过疯人院或向唯心主义哲学家领教过的正常人的'朴素实在论'，都承认物质、环境、世界是不依赖于我们的感觉、我们的意识、我们的自我和任何人而存在着。……正是这个经验使我们深信，物、世界、环境是不依赖于我们而存在的。我们的感觉、我们的意识只是外部世界的映象；不言而喻，没有被反映者，就不能有反映，但是被反映者是不依赖于反映者而存在的。唯物主义自觉地把人类的'朴素的'信念作为自己的认识论的基础。"③ 这里尤须注意，这种关于世界不依赖于我们而存在的观念乃是一种"信念"，我们不过是"深信"、"承认"它而已。换句话说，这是唯物主义者的一种信念，然而这种信念却是不可知论者所不承认的。规律性预设也是彻底的经验主义者拒绝采纳的，正如上文已经提到的，休谟拒绝作为客观规律的"因果性"信念。归根到底，彻底的经验主义者总是不

---

① 《爱因斯坦文集》第 1 卷，商务印书馆 1976 年版，第 292、284 页。
② 《马克思恩格斯选集》第 3 卷，人民出版社 1995 年版，第 292 页。
③ 《列宁选集》第 2 卷，人民出版社 1995 年版，第 66 页。

可知论者，他们拒绝可知性信念，而认为感知之外的客观实在性和规律性都是不可知的。

于是这就出现一个问题：某些伟大的科学家也是彻底的经验主义者，他们拒绝上述三大信念，但是，这似乎并不妨碍他们所进行的科学研究工作。其实这是一个误解，因为他们所拒绝的只是"外在的"事物客观存在的信念，而不是所有事物的客观存在的信念。作为彻底经验主义者的科学家至少承认一种东西的绝对客观实在性，那就是感知经验。在他们看来，科学的对象并不是外在的对象，而是内在的感知经验。其实，这是一种富有哲学意味的信念。在这方面，马赫（Ernst Mach）就是他们的哲学代表。在他看来，"事物是（经验）要素的复合体"，即把经验视为科学的对象；但是他也承认经验本身、亦即科学的对象乃是实际存在的。这就是他的哲学信念。

哲学和宗教都是从问题开始的，然而问题本身已经包含着预设信念。"一切'对……'的发问都以某种方式是'就……'的发问。"① 而"就"某物发问，也就预先设定了关于某物存在的信念。最古的一个例子，古希腊自然哲学家们的问题是：万物的本原是什么？这里其实已经预先相信了：万物是有一个本原的。泰勒斯相信：万物的本原是水。赫拉克利特则相信它的否定命题：万物的本原不是水。但两者都预设了万物的本原的存在。"一样东西，万物都是由它构成的，都是首先从它产生、最后又化为它的（实体始终不变，只是变换它的形态），那就是万物的元素、万物的本原了。"② 这个观念本身在今天看来就未必能够成立。

海德格尔《存在与时间》开宗明义第一章就是提出"存在问题"。他有一段论述颇接近于我们的预设信念问题："作为一种寻求，发问需要一种来自它所寻求的东西方面的事先引导。……我们不知道'存在'说的是什么，然而当我们问道''存在'是什么?'时，我们已经栖身在对'是'（'在'）的某种领会之中了，尽管我们还不能从概念上确定这个'是'意味着什么。"这种我们对它已有"某种领会"的"事先引导"，这种"不可定义

① 海德格尔：《存在与时间》，三联书店 1999 年版，第 6 页。
② 出自亚里士多德《形而上学》I. 3, 183b—184a。《西方哲学原著选读》上卷，商务印书馆 1981 年版，第 1 页。

的""自明的概念",① 正是海德格尔的预设信念,而他这种关于"存在"的信念显然是分析哲学家、甚至胡塞尔那样的现象学家所不能接受的。

哲学思路的不同,或者宗教的不同,往往是其预设信念的不同。经验主义哲学的信念已如上述,就是"感知",贝克莱的名言"存在即被感知"是一个典型代表。理性主义哲学的信念则是思维着的理性,在这方面的代表是笛卡儿(René Descartes),按他的理解,思维着的理性本身乃是独立的、在先的绝对存在,类似柏拉图的"理念"或黑格尔的"绝对观念"。对于他们来说,哲学或者形而上学就是回答这样的问题:"纯粹理性向自己提出、并且理性为它自己的需要所推动极力把它们完善地加以回答的那些问题,是怎样从普遍的人类理性的本性里生出来?"② 这种信念,其实就是哲学家们理解的所谓"所与"(the given)。经验主义者贝克莱的原初所与(primordial given)是经验,理性主义者胡塞尔(Husserl)的原初所与是"纯粹先验意识",而马克思哲学的原初所与则是"实践"。③ 世界上四大宗教的所与或信念也不同,这是众所周知的。

但是,所有的哲学、宗教都有一个最初的"终极信念"(the ultimate belief),我称之为"存在信念"(existence belief)。任何哲学,无论采取怎样的怀疑主义立场,最终都得从"存在"这个预设信念开始,亦即以"存在"为逻辑起点;也就是说,任何哲学最终都逃不出"存在信念"。自从古希腊哲学家巴门尼德(Parmenides)确立了"存在"范畴,哲学就从来没有超出这一点。思想可以从怀疑一切开始,但唯独不能怀疑"存在着",否则人就无法思想言行、无法生存下去。

笛卡儿可以算是最典型的怀疑论者,他首先把一切都悬置起来,然后从"我思"开始,推出"我在"等等。所谓"我思故我在"(Cogito ergo sum),还原成三段论式则为:我思考着(凡思考着的必定是存在着的);所以我存在着。括弧里的那句话便是"不言而喻"的大前提,即是他的一种预设信念:思考着的,必定是存在着的(由此推出"我在");被思考着的,也必

---

① 海德格尔:《存在与时间》,三联书店 1999 年版,第 7、5 页。

② 出自康德《纯粹理性批判·绪论》。《十八世纪末——十九世纪初德国古典哲学》:商务印书馆 1975 年版,第 42 页。

③ 黄玉顺:《实践主义:马克思哲学论》,《学术界》2000 年第 4 期。

定是存在着的（由此推出其他存在）。这令人想起巴门尼德的一句名言："能被思维者和能存在者是同一的。"① 而且显然，他有一个更为在先的信念前提：总得存在着什么。这就是他的、也是一切哲学最终的预设信念。

再如，佛学以"空"为其最高教条，但中国最典型的佛教哲学唯识宗，其基本教义"唯识无境"，仍相信"识"、尤其"阿赖耶识"的存在。至于道家之所谓"无"，更不是"不存在"的意思。道家以"道"为"无"，是说"道"是"存在"本身而非任何"在者"（海德格尔语）。此"无"其实类似于黑格尔所谓"纯有"，纯存在或纯有是没有内涵的，故谓之"无"。纯粹的"有、这个无规定的直接的东西，实际上就是无"。② 换句话说，道家的"道"不过是尚未展开其内容的纯存在。最彻底的怀疑论者要算是古希腊智者派的高尔吉亚（Gorgias）。他说：无物存在；即使有物存在，也不可知；即使可知，也不可说。但事实上高尔吉亚的思想乃是经验主义的，他的意思只是说：认识不能超越感知经验。这与上文所说的马赫的不可知论是差不多的意思。就此而论，他的思想是近代经验主义哲学的最早前驱。经验主义的不可知论并不否认经验本身的存在，已如上述，所以，高尔吉亚的"无物存在"与贝克莱的"存在就是被感知"是一个意思。换句话说，"经验"是其存在信念。

总之，一切哲学、宗教都是建立在"存在"这个终极的预设信念基础之上的。换句话说，对于任何哲学来说，正如黑格尔说的："开端就是纯有。"③

五、预　设

如果说超越基于信念，那么信念就基于预设。预设不一定是信念，但信念一定是预设。预设不一定是信念，因为所谓预设只是一种假定（assumption or supposition），有的假定是无意识的，另有的假定则是有意识

---

① 出自巴门尼德：《论自然》D5。《西方哲学原著选读》上卷，商务印书馆 1981 年版，第 31 页。

② 黑格尔：《逻辑学》，上卷，商务印书馆 1966 年版，第 69 页。

③ 黑格尔：《逻辑学》上卷，商务印书馆 1966 年版，第 54 页。

的。例如有的科学家选定某几条命题作为他的体系的逻辑演绎前提，但他未必相信它们是绝对必然的真理，他心里清楚它们只是所谓"假说"（hypotheses）。而信念一定是预设，因为它是作为后来言行的观念前提出现的，它往往是不自觉的、无意识的，无意之中充当了我们的话语的语境（context）。预设是信念的上位概念，即是说，所谓信念，就是那种我们未必能够证明、但是深信不疑的关于事物实际存在的预设。

那么，究竟何谓"预设"？当我们说出一句话时，这句话往往隐含有某种前提条件，它所指称的对象的客观存在已被我们预先设定了；这种自明的前提没有说出，而且无须说出，却已经为谈话双方所知晓并且承认。这就是预设。例如甲告诉乙："张三离婚了。"这句话至少预先设定了甲乙双方都知道并且认可的这样两个事实：张三实有其人；张三此前已经结婚。否则，甲不会这样说；即使说了，乙也会感到莫名其妙。可见，预设是"在交际过程中双方共同接受的事实或命题"[1]。

弗雷格（Gottlob Frege）是最早讨论预设问题的。他在著名论文《论涵义与指称》里涉及了预设问题。一个"指号"涉及两个方面：作为所指的实际存在对象的"指称"（reference），包含着我们如何指称这个对象的给出方式的"涵义"（sense）或者"意义"（meaning）。两个不同的指号可以拥有同一指称，例如"暮星"和"晨星"都指称（refer to）金星，但是它们的涵义不同。弗雷格比喻说："有一个人用望远镜观察月亮，我们把月亮本身比作所指的对象（指称）……把望远镜内物镜上的影像比作涵义，……望远镜内物镜上的影像确实是片面的，它取决于观察的地点和角度……"但是我们可能会遭到"异议，那就是：'你已经毫不迟疑地谈论作为对象的月亮，但是，你怎么知道"月亮"这个名称实际上有一个指称呢？你又是怎么知道无论什么名称都有指称呢？'"[2] 确实，一个指号必定有其涵义或意义，但未必有其指称，例如"三角形的圆"。

弗雷格回答道："当我们说到'月亮'时……不会满足于它的涵义，相

---

[1] 《哲学大词典·逻辑学卷》"预设"条目，上海辞书出版社 1988 年版。

[2] 弗雷格：《论涵义与指称》（Üeber Sinn und Bedeutung），原载《哲学和哲学评论》，1892 年。肖阳的汉译文《论涵义和所指》（On Sense and Reference），载于马蒂尼奇（A. P. Martinich）主编《语言哲学》（The Philosophy of Language，Oxford University Press 1985），商务印书馆 1998 年版。

反，在这里，我们预先假定了指称的存在。"例如我们说"月亮比地球小"时，我们已经预设了月亮（以及地球）的存在。因为"我们总是试图在谈话与思考中证明我们关于指号的指称的有关陈述是正确的"，所以"我们不得不增加附带条件：假设存在着这样一个指称"；"无论断言的是什么，一个理所当然的前提是：被使用的专名，简单的或复合的，具有指称。所以，如果我们断言'开普勒悲惨地死去'，那么就预先假定了名称'开普勒'指示某人。"①

弗雷格还提到，关于指称对象的存在预设与语句的真假无关。比如上例，"名称'开普勒'指示某人这个前提既是'开普勒悲惨地死去'这个断言的前提，也是其否定的前提。"又如"当奥底修斯熟睡的时候，他的船在伊沙卡搁浅了"这个语句，"任何认定这个句子为真或为假的人，都会同意专名'奥底修斯'不仅有涵义而且有指称。因为，很明显，语句中的谓词所表示的属性或者属于或者不属于这个专名的指称。一个不承认指称的人是不会考虑是否把有关属性归属于指称这种问题的。"② 这一点对识别预设具有重要意义。

当代德国学者布斯曼（H. Bussmann）《语言与语言学词典》对预设的定义是："关于表达或话语的含意的一种不言自明的（含蓄而不言明的）设定。"③ 这就是说，预设是这样一种设定（supposition or assumption），它没有被说出，但对于谈话双方来说都是不言而喻的。现今语言学界对预设有一种常见定义，是通过与"蕴涵"相区别而给出的（其中 A、B 表示命题）④，这个定义其实基本上是根据斯特劳森关于"前提"⑤ 的研究成果：

A 蕴涵 B，当且仅当：A 真 B 必真，A 假 B 可真可假，B 假 A 必假。

A 预设 B，当且仅当：A 真 B 必真，A 假 B 亦真，B 假 A 可真可假。

显然，蕴涵（entailment）是一个语句（sentence）的逻辑后果（consequence），而预设则是一个话语（utterance）的前提条件（condition）。

---

①　弗雷格：《论涵义和指称》，上海辞书出版社 1988 年版。

②　弗雷格：《论涵义和指称》，上海辞书出版社 1988 年版。

③　Hadumod Bussmann：*Dictionary of Language and Linguistics*.

④　王刚：《普通语言学基础》，湖南教育出版社 1988 年版，第 101—102、157—161 页。

⑤　"前提"是"预设"的另外一种很容易导致混淆的称谓。

但是这是一种什么性质的条件，则是一个争议很大的问题。布斯曼则直接利用"蕴涵"概念给出了这样一个定义（其实弗雷格已曾称预设为一种"特殊的蕴涵"）：

S1 预设了 S2，当且仅当：S1 蕴涵了 S2，并且非 S1 也蕴涵了 S2。①

如此说来，预设似乎确为一种特殊的蕴涵关系。布斯曼举了罗素给出的一个著名例子："当今法国国王是个秃子"（S1）蕴涵了"法国现有一个国王"（S2），前者的矛盾命题"当今法国国王不是秃子"（¬S1）同样蕴涵了"法国现有一个国王"（S2），因此，（S1）预设了（S2）。结论就是，预设确实具有这样一个根本特征："即使在否定命题下，预设仍保持为一个常值。"② 至于话语究竟在什么条件下发生预设现象，这是非常复杂的问题，不是本文的任务。对于本文的意图来说，我们只需用否定一个命题的方法去检验它是否存在着预设，就足够了。

因为超越基于信念，而信念是一种预设，所以，宗教的超越基于预设，哲学的超越同样基于预设。

关于宗教，我们且以据说其超越性最为彻底的佛教为例。印度佛教的大乘空宗似乎表现为一种最彻底的宗教，因为它似乎连作为超越的个体性原则的自我意识也否定了。空宗认为，肯定自我、包括肯定自己灵魂的存在，都是一种应该破除掉的"执"，谓之"我执"；另一方面，天堂一类的彼岸存在也是"执"，谓之"法执"。这似乎跟我们前面所说的原则相悖，然而其实不然，它仍然是必须承认内在的个体性原则和外在的终极存在性原则的。就存在性原则来看，即便是大乘空宗这种主张一切皆"空"的宗教，也有"佛"（Buddha）的位格预设，上文已有讨论。当他们大谈如何能、如何不能"成佛"时，他们显然已经预设了"佛"的存在。空宗尚且如此，其他更不消说了。

中国的佛教宗派亦然。如唯识宗，它本属于印度的大乘有宗，其核心观念是"唯识无境"。"境"是我法两执的幻有、假象，是应该被破除的。但

---

① 原文：*s1 presupposes s2 exactly if s1 implies s2 and if not-s1 also entails s2*。其中 implies 和 entails 是大致同义的，均指"蕴涵"。

② Hadumod Bussmann：*Dictionary of Language and Linguistics*.

是他们因此也就承认存在着某种实有、真相，那就是"识"。这个"识"并非个体性的心识，而是属于客观理念主义的终极存在。进一步说，共有"八识"，其中唯有"阿赖耶识"才是那个作为终极理念的实有。这就是它所承认的存在论原则。那么另一方面，个体自我在哪里呢？这里显然也跟空宗一样存在着一个矛盾：如果自我也是一种如"识"一样实在的存在，那么，我们还有什么必要去"悟"那个外在的"识"呢？可是另一方面，如果自我也属于一种虚幻的"境"，那么，谁、为什么要去"悟"那个"识"呢？既然一心要去"悟"那个"识"，那就必然已经预设了一个欲解脱者、欲觉悟者或欲超越者，亦即自我灵魂的存在。① 这正是宗教超越的个体性原则的必然要求。

　　至于哲学，我们且以康德的"先验哲学"为例。在《实践理性批判》中，康德提出了三条"公设"亦即预设信念。"这些公设就是（灵魂）不死、（意志）自由和上帝存在。第一条公设的根据是：实践上必须有持久性配合，作为条件，才能使道德规律完全实现。第二条公设的根据是：必须预先认定，人是可以不受感性世界摆布的，能够按照灵明世界的规律，即自由的规律，来规定自己的意志的。第三条公设的根据是：必须预先认定那最高的、独立的好事，即上帝存在，作为条件，这个灵明世界才能是最高的好事。""这些公设并不是理论上的教条，而是实践上必须的前提。"②

　　需要注意的是，康德虽然谈论这些公设的"根据"，但只是在说明"必须预先认定"它们，我们决不可误以为他是在论证它们。因为，"思辨理性虽然能够把这些概念当做问题提出，却无法解决它们"，亦即无法论证它们。例如灵魂不死，"思辨理性在解决它的时候只能陷入谬误推理"；又如意志自由，"（实践）理性只能通过自由的公设，设定一个虽然可以大致设想、却不能在客观实在性方面加以证明和确定的概念"；又如上帝存在，

----

　　① 这里存在着一种特别值得指出的现象：哲学、宗教的许多基本观念，例如"给与"、"悟"、"识"、"现象（呈现）"等等，本身都已经预设了主体和对象的存在。例如"现象"一词，已经预设了"谁把什么呈现给谁"。佛教之所谓"悟"，同样已经预设了"谁悟什么"，这里，"谁"就是个体性原则所要求的那个承担者，"什么"就是存在论原则所要求的那个超验存在物。
　　② 出自康德《纯粹理性批判》第1部，第2卷，Ⅵ。《西方哲学原著选读》下卷，商务印书馆1982年版，第318—319页。

"思辨理性虽然能够设想上帝，却只能把上帝当做先验的理想，不能加以规定"。① 可见康德自己说明了这些"公设"都是不可证明的，它们都是典型的预设信念。正是在这些预设命题的笼罩下，康德才能大谈灵魂如何或不如何、意志如何或不如何、上帝如何或不如何。不论肯定的"是如何"还是否定的"不如何"，根据我们检验预设的方法来看，它们无疑都是存在预设。

---

① 《西方哲学原著选读》下卷，商务印书馆 1982 年版，第 319 页。

论"超越"与中国"三教"的超越方式①

关于"先验"、"超验"和"超越"的问题与中国传统文化是否具有"超越性"的问题，近年来引起了哲学与宗教学界的普遍关注。例如研究西方哲学的学者，从哲学的角度讨论胡塞尔现象学的 Transzendental 问题；而研究中国哲学的学者，则从宗教精神的角度讨论儒学的 Transcendent 问题。可惜他们往往自说自话，老死不相往来，结果造成了一些理论混乱而不自知。这一点在该词的汉译当中集中鲜明地反映出来。例如 Transcendental 一词，依其使用的场合，哲学上译为"先验的"、"超验的"，宗教上译为"超越的"。进一步说，仅就哲学而言，"先验的"和"超验的"也是有很大区别的。那么，胡塞尔现象学究竟是先验的还是超验的？中国儒家心学究竟是否具有超越性？它究竟是先验的？还是超验的？还是超越的？本文试图澄清：哲学的超越论和宗教的超越论，两者有什么不同？又有什么相通之处？

一、超越问题的理论视域

讨论任何问题须事先确定其理论视域，否则一切无从谈起。

首先必须确定：似乎难以理解的是，超越问题、尤其宗教的超越问题，是一个纯粹关于个体的问题。这是因为，一切哲学和宗教问题都是发源于自

---

① 原载《道学研究》2004 年第 2 期。

我意识的，超越问题的起因乃是自我意识的某种内在紧张，而自我意识必定首先是一种个体意识。所谓"自我意识的内在紧张"，我想说的是：人从意识到自身的存在、自身与众不同的独特存在那一刻开始，按照存在主义的说法，他就注定了必将陷入无穷无尽的"烦""畏"之中。在这种种"烦""畏"之中最严重的问题就是"存在与时间"的问题①：他意识到自身的"此在"（Dasein）在时间上乃是非常有限的存在；或者说，他知道自己总有一天要死。超越的问题，本质上是关于"不朽"的问题。西语 to transcend 的原义，是指"超出……范围"。超出自我存在或者"此在"的有限性，就是追求某种无限性的存在。

另外一点需要明确的就是：超越问题需从"经验"问题谈起。上述种种"烦""畏""意识"都是通过经验给与的，都是直观感知的"原初所与"（originär gebende，胡塞尔语，the primordial given）②。"第一位的、'自然的'认识领域以及该领域中一切科学的这种给与的直观，就是经验"；一方面，"我们在'外在知觉'中对自然事物有着原初的经验"；另外一方面，"我们在所谓内知觉或自我知觉中有对我们自己和对我们意识状态的原初经验"。③ 自我意识是内在经验与外在经验对照的结果。所以，超越的最初含义就是从经验开始而超出经验。胡塞尔现象学就是一个典型，它从自然主义立场的经验意识开始，然后把它"置入括符"（Einklammerung）之中"悬搁"（Epoché）起来，通过"还原"（Reduktion），在"直观"（Auschaung）中达到"先验意识"（Transzendental Bewusstsein／transcendental conscious-ness）。

其实"超越"（先验、超验）这个词本身已规定了，最低限度的超越便是超出经验的范围。惟其如此，有一派哲学是决不谈论超越问题的，那就是经验主义哲学。经验主义者认为，经验之外的任何存在都是不存在的、或者

---

① 这是海德格尔前期代表作《存在与时间》的主题。海德格尔：《存在与时间》，三联书店 1999 年版。

② "所与"（the given）是个在哲学上尤其要紧、但人们却探讨不多的问题。

③ 胡塞尔这里所论列的乃是经验主义的所与，而这正是他所"悬搁"的；在他看来，真正的原初所与乃是纯粹先验意识。这就是先验主义和经验主义的根本区别所在。胡塞尔：《纯粹现象学通论》，商务印书馆 1992 年版，第 48 页。

是不可知的。例如现代分析哲学家维特根斯坦认为，关于经验以外的存在理论都是形而上学的胡说。当然，这个立场近来已经有所松动软化。例如蒯因承认，我们无论如何必须事先对这种存在有一个承诺。[①] 但也仅仅是承诺而已，它的实际存在仍然是不可知的。所以，最低限度的超越就是超越个体的经验的存在。

因此，最后一点必须事先确定的就是：超越问题本质上是一个存在论问题，或者叫做形而上学问题，因为它总是指涉着在个体经验存在之外的某种终极性的存在（Ultimate Being），这种终极存在作为 "终极因" （the ultimate cause），作为 "原初给予"，是一种 "绝对的在先" （the absolute prior） ——不论在时空上、还是在逻辑上。在时空上，它就是所谓 "本体" （Noumenon）；在逻辑上，它就是语义 "预设" （Presupposition）。我们当下的经验性质的言谈，总是指涉着经验背后的某种存在承诺。为此，我们可以观念地无穷倒溯，于是，对人来说，在一种宽泛的意义上，超越问题指涉的就是一个绝对的、终极的、纯粹的 "所与" （gebende／the given）。假如我们把这种原初的所与规定为感知经验，如上所述，那就不存在超越问题了；而一旦不满足于感知，试图超越经验范畴，这种所与就会因人而异，它可能是先验理性、纯粹自我意识或者心性良知、理念或者 "天理"、"天道"、上帝或者 "天"、"命"，等等。这就是典型的存在论问题了。

总起来说，宗教的超越有三个前提：关于超越者（transcender）的个体性原则，关于超越物（transcendence）的存在论原则，关于超越方式（the manner of transcending）的先验性原则、或者非经验性原则。如西方基督教的观念，"灵魂" "获救" 问题就是一个纯粹个体性问题；现世的经验的生存乃是苦难，"天堂" 则是一种超验性的存在；"上帝" 作为超越性存在物，是一切存在的本原和本质。至于哲学的超越，则至少满足先验论原则和存在论原则。

二、超越的谱带

由此出发，我们归纳古今中外的哲学和宗教，就可以给出一个统一的

---

① 蒯因：《从逻辑的观点看》，上海译文出版社 1987 年版。

"超越谱带"（transcending spectrum）①。

1. 超越经验（transcending experience）

这是理性主义哲学的最低要求。这种意义的超越，准确的含义是指的 apriori（prior-to-origin）：先验的；或者演绎的，由因推果的。与之相对的则是 aposteriori（posterior-to-origin）：经验（之后）的，根据经验的；或者归纳的，由果溯因的，由事实推原理的。前者作为一种哲学立场，就是 apriorism：先验论；或者先验原理，演绎推论。作为一种哲学方法，则是 apriority：先验法，或者先验性。我说它是"理性主义哲学的最低要求"。例如，虽然笛卡儿及胡塞尔的先验论只是超越经验的，他们坚决反对以任何"超验"存在（transcendance / Transzendenz）为预设②；但是柏拉图或黑格尔的先验论却正是以这种超验存在或者超越存在物为其预设的，那就是他们的"理念"（Idee / idea）。这显然是两种截然不同的理性主义。

但是，即便是前一种理性主义一样也具有存在论性质。例如胡塞尔的先验现象学，胡塞尔研究权威、法国当代著名哲学家保罗·利科指出了这种现象学的存在论性质："如果人们始终停留在开始的平面上、即意向心理学的平面上去理解以后的词语，先验唯心主义似乎就只是一种主观唯心主义了；世界的'存在者'在被消除的意义上被归结为意识的'存在者'，如最通常的内知觉所显示的那样"；但事实上"先验主体根本未在世界之外，反之，它是世界之基础。这就是胡塞尔的这个坚定的断言的意义所在：世界是绝对意识的相关项，现实是意识的根本构造的标志"；"它作为'先验的理论上的旁观者'把对世界的信念看做世界的创始者。"③ 至于笛卡儿的"我思故我在"（cogito ergo sum. / Je pense donc je suis. / I think, therefore I am.），其存在论性质也是显而易见的：这里，"思"是"在"的前提，故此"思"

---

① 这里似有必要指出：这个谱带并不表明思维水平的高低梯级，而是平行的，即只表明各种不同的观念对于终极存在的不同理解而已。

② 胡塞尔以 transzendental（先验的）纯粹意识作为绝对原初所与，而坚决反对以任何 Transzendenz（超越物）为预设。前者在人的意识之内，而后者在人的意识之外。

③ 见利科为《纯粹现象学通论》所作的《法译者导言》。胡塞尔：《纯粹现象学通论》，第 481、483、484 页。

也就是"在之为在"（to on he on，亚里士多德语，being as being）。这显然具有存在论的意义。

2. 超越理性（transcending reason）

这是意志主义、生命哲学、甚至某些存在主义哲学的最低要求。近代以来的所谓"人文主义"哲学派别基本上是这种超越理性的哲学。他们被称为"非理性主义"的，乃是因为在他们看来，就其所要把握的对象来看，不仅经验、即使理性也不是初始的存在。真正原初的所与乃是意志①，或者"生命冲动"；就其方法来看，则是直觉主义的或者"顿悟"的方法，因为他们认为经验和理性都是靠不住的。这种超越理性的哲学仍然只是"先验的"（虽然不是理性主义的），而非"超验的"，因而没有任何"神秘主义"的特征，因为"意志"或"生命冲动"虽然可以被本体论化（如叔本华或柏格森），但它们本身仍旧内在于意识。

3. 超越自我意识（transcending self-consciousness）

这是一切非经验论的实在主义哲学、包括唯物主义②哲学的最低要求。在这种观点看来，实在或物质既不是理性给与的，也不是经验给与的，甚至不是任何自我意识给与的，而是自在的，"不以人的意志为转移的"。对人的意识来说，它是纯粹外在的，也是纯粹先在的。换句话说，它承认某种"超越物"（Transcendent）。上面第一类所谈到的那种更高要求的理性主义的经验超越，例如柏拉图、黑格尔的哲学，其实也是一种实在主义，因为他们关于原初所与的预设也是某种超越经验的客观实在。所以，所谓"理性主义"，在超越问题上实际上有两种：一种是反对超越性存在物的预设的，如笛卡儿、胡塞尔；一种是肯定超越存在预设的，如柏拉图、黑格尔。过去我们把前者称为"主观唯心主义"，把后者称为"客观唯心主义"。其实后者跟唯物主义一样，是一种实在主义。

---

① 此意志不仅指心理范畴的指向行为的"意志"，而且包含了情感、乃至于潜意识冲动在内。

② 这种"唯物主义"不应该包括马克思的哲学。黄玉顺：《实践主义：马克思哲学论》，《学术界》2000 年第 4 期。

4. 超越物质世界（transcending the physical world）

这也可以叫做超越一切时空存在（transcending any spatial-temporal beings）。这是一切宗教的最低要求。中国的道教和西方的基督教都是如此。宗教的根本特征，就是以某种"超越存在"或"超越物"（Transcendent）为其原初预设。道教的超越物，一个方面是"道"，它是"天地之始"、"万物之母"，但却不是这个作为物质世界的"天地万物"本身，而是在它之外的存在。但这还不足以成为宗教的超越，毋宁说更近于柏拉图、黑格尔的理念。但是另外一个方面，这种超越物又可以是"神""仙"以及由神仙所组成的彼岸世界。这就成为了典型的宗教性超越物了。西方的基督教则认为，只有上帝才是真正原初的实在存在，一切出于上帝、归于上帝。这同样是典型的宗教的超越性存在物。为下文着想，我想再重复一遍：一切宗教的最低要求就是超越人类世界乃至物质世界。舍此，就不能算宗教。

5. 超越任何实在（transcending any real beings）

这是佛教大乘空宗的要求。在这种观点看来，没有任何东西——包括心识、西方极乐世界、上帝或者神仙——是实在存在的。根本没有实在的东西，一切皆"空"，都是所谓"缘起性空"的结果。下面我们将要谈到，这种要求是不可能的；否则，反而使它失去了典型的宗教特征。

以上这个谱带似乎表明了：哲学超越与宗教超越是截然不同的。其实不然，我之所以特别标明"最低要求"，是因为某些哲学的更高的追求也跟宗教一样，是试图超越一切物质世界的时空存在的。例如柏拉图的"理念"、黑格尔的"绝对理念"便是如此。在我看来，哲学与宗教的区别并不在于是否预设了这种绝对超越存在，而在于这种绝对的超越存在者是否具有人格神的特征，即是否具有神的"位格"（Person）。例如佛教，即便是大乘空宗那样主张一切皆"空"的宗教，也有"佛"（Buddha）的位格。这一点是至关重要的。至于大乘有宗，如中国的唯识宗，虽然也有其"佛"的位格，但另一方面更近于哲学，因为它同时还预设了一种类似客观理念的"心识"。王船山曾指出："三界惟心，而心即界；万法惟识，而识即法。"（《尚书引义·召告》《无逸》①）此"心界"或"识法"也跟"理念"或"绝对理念"一样，是没有位格的，它们只是"逻各斯"（Logos）式的或"天理"式的存在。这就是宗教与哲学的相通之处。

三、中国"三教"的超越方式

有了以上的分析，我们可以来讨论中国所谓"三教"的超越问题了。在中国宗教、哲学中，同样存在着作为任何一种超越的前提的三个基本条件：个体性原则、先验性（非经验性）原则和存在论原则。尤其是对于宗教来说，我敢说，一是对内在的个体自我意识或其灵魂的纵然是暂时性存在的信念，一是对外在的某种终极存在的信念，这两者是缺一不可的。

人为什么总要寻求超越？这不论对哲学还是对宗教来说都是一个根本性问题。我们上文说过，这个问题的答案，只能从人的存在状况当中寻求。对于这个问题，存在主义大师海德格尔的理解值得我们注意。他指出，人意识到自己是一种时间性的存在，即一种有限的存在；更通俗地说，人知道自己是要死的。这是令他"烦""畏"的最大问题。由此看来，克服自身之有限性的唯一途径就只能是超越自身；换句话说，必须到自身之外去寻求某种具有无限性的存在者，然后皈依于它或他，从而使自己也获得其无限性。

1. 佛教的超越方式

佛教的超越方式也是从先验性原则（非经验性原则）开始的。对于佛教徒来说，个体性的经验性存在（肉体存在）是他必须超脱的"苦"，而经验世界则是一片"苦海"。他所悟的大智慧，则是超越了经验范围的一种纯粹先验的、乃至超验的东西。所以，佛教可以说是一种最为彻底的宗教，因为它有时似乎连个体原则、自我意识也都否定了。佛教认为，肯定自我、包括肯定自己的灵魂的存在，都是一种应该破除掉的"执"，谓之"我执"；另一方面，天堂一类的彼岸存在也是应该破的"执"，属于"法执"。当然，我们这里所说的只是印度本土的大乘空宗，它似乎跟我们上面所说的原则相

---

①　王夫之：《尚书引义》，中华书局 1962 年版。

悖。但下文我们将说明，它仍然是必须承认两个原则的：内在的个体存在原则，外在的终极存在原则。这里暂以中国的佛教为例。最典型的中国佛教有两种，形成两个极端：一个是唯识宗，一个是佛心宗或者禅宗。

唯识宗是不是承认个体原则，这是一个可以讨论的问题。它本属于印度的大乘有宗，其核心观念是"唯识无境"。"境"是我法两执的幻有、假象，是应该被破除的。但它承认某种实有、真相，那就是"识"。但这个"识"并非个体的心识，而是属于客观理念主义的终极存在。进一步说，共有"八识"，其中唯有"阿赖耶识"才是那个作为终极理念的实有。这就是它所承认的存在论原则。那么另一方面，自我在哪里呢？这里显然存在着一个矛盾：如果自我也是一种如"识"一样实在的存在，那么，我们还有什么必要去"悟"那个外在的"识"呢？可是另一方面，如果自我也属于一种虚幻的"境"，那么，谁、为什么要去"悟"那个"识"呢？既然一心要去"悟"那个"识"，那就必然已经预设了一个欲解脱者、欲觉悟者或欲超越者，亦即自我灵魂的存在。① 这就是个体性原则。不仅追求"自渡"的小乘，便是主张"普渡"的大乘，也必须落实于个体，落实到一个个的僧人。如果他彻底否定了自我，那么他的求佛悟道就是毫无意义的了。换句话说，他会因此而失去其动力：即便他悟了道，却仍然不能克服自身的有限性、求得自身的无限性。终日功课辛苦，参禅打坐，念经求佛，他何苦来？所以，彻底的"空"，彻底的"无我"，本身已经背离了宗教的一种本质规定——那就是追求个体的不朽。

于是，这就出现了禅宗。禅宗干脆地承认了个体原则，因为在禅宗的观念里，佛性乃我固有，佛心便是我心。但是对于禅宗，我们可以从两个方面来加以认识：一方面，就其肯定宗教超越的个体原则而言，它比大乘空宗、甚至大乘有宗更具有宗教性；但是另外一方面，就其否定了西方极乐世界、否定了彼岸、否定了任何外在的超越性存在物而言，它却没有超越自我意识，在这个意义上，它又是宗教性最弱的。在后一种意义上，禅宗更近于儒家心学的超越方式。这是我们下文将要讨论的问题，这里我想指出的是，禅

---

　　① 这里存在着一种特别值得指出的现象：哲学、宗教的许多基本观念，例如"给予"、"悟"、"识"、"现象（呈现）"等等，本身都已经预设了主体和对象的存在。例如"给予"已经预设了"谁把什么给予谁"、"悟"已经预设了"谁悟什么"等等。

宗的佛性论与儒学的心性论具有密切关系，这是历来为学者所忽视的一个重要之点。人们津津乐道于隋唐佛学对宋明理学的影响，却忽视了原始儒学对中国佛学的影响。思孟学派的心性论在 "往上说" 的时候虽然承认 "天" "命" 的超越存在，但是在 "往下说" 的时候实际上是以先验本心为初始预设的。这一点与禅宗完全一致。这是一个可以专门加以讨论的重大理论问题，这里暂不展开。

2. 道家、道教的超越方式

道家、道教典型地体现了试图超越个体有限存在的努力，尤其充分地体现了宗教的个体原则；在我看来，道家、道教的主旨便是 "个体生命关怀"。[①] 而且，他们也都从超越经验、即从先验性原则出发。道家道教批判经验常识，认为那是 "前识"，很像胡塞尔批判经验论的 "自然立场"（natural standpoint），反对以感知经验为原初所与。道家认定，"为学日益，为道日损"，"学" 就是经验的知识；"道" 则是先验的超越存在，也就是存在论原则的要求。但是，道家和道教所寻求的这种超越性存在物又是截然不同的：作为哲学的道家，其超越物是 "道"，那是一种类似 "逻各斯" "理念" 或者 "天理" 的存在，它也因此而成其为哲学；然而作为宗教的道教，虽然也追求 "道"，但还追求另外一种超越性存在物，那就是类似西方基督教 "天堂" 的彼岸 "神仙" 世界，它也因此而成其为宗教。这就是道教跟道家的根本分野。

但道教也具有一种无法克服的内在矛盾：道教的终极追求乃是个体的长生不死，这种不朽乃是包括了肉体存在的；换句话说，由于道教并不超越个人的肉体，它也就不超越个体的有限存在。其他几大宗教都不追求肉体的不朽，而只追求灵魂的不朽。在这个问题上，道教是个例外：不仅承认灵魂可以不朽，而且认为肉体——通过炼丹、服食——同样可以不朽，至少可以 "长生久视"。仅就这个问题而言，我们似乎可以质言之：道教竟然较少地具有宗教的超越精神，反倒更多地带有哲学的、甚至科学的 "超越" 精神。

---

① 黄玉顺：《生命结构与和合精神——周易哲学论》，《社会科学研究》1998 年第 1 期；《老子哲学：生存之道》，《四川大学学报》1998 年第 2 期。

这一点实在是令人惊异的。

3. 儒家或者儒教的超越方式

关于儒家的性质，存在着两种误解：

一种误解是以为儒家只承认群体原则，否定个体原则。当然，儒家以伦理精神为核心，它所关注的确实就是群体生存结构问题。但是我们不要忘记了，儒家的落脚点乃在"自天子以至于庶人，壹是以修身为本"①，而修身的承担者正是个体。在我看来，《大学》所谓"修齐治平"并非为着社会群体而规划的理想境界，而是为着个体人生而规划的理想境界；而且作为"外王"的"齐治平"，只是作为"内圣"的"修"的彻底实现。这就是说，"修齐治平"不是社会价值的实现，而是个人价值的实现。所以，严格来说，儒家的终极追求不是群体的"大同"，而是个体的"成圣"；前者只是手段，后者才是目的。这里，作为社会理想境界的群体性生存结构，充当了超越精神的个体性原则的工具。对此，宋明儒家是有充分意识的，我们知道，整个宋明理学就是一种"成圣""成人"之学。仅就这个方面而言，儒学似乎确实近乎宗教。

这就产生了另外一种误解，以为儒家也是一种宗教②，而称之为"儒教"③。关于儒学或者儒教，近年人们较多地谈论"内在超越"问题。这个问题与马克斯·韦伯有关，而其由来在于：鉴于有人以中国传统文化缺乏西方那种宗教超越精神而否定中国文化传统的现代价值，某些学者针锋相对地提出，西方式的超越只是一种"外在超越"，而中国儒家式的是"内在超越"。所谓外在超越，就是设置一个彼岸的超越性存在物，如基督教的上帝；而所谓内在超越，则并不设置这样一个彼岸的超越存在。然而在我看来，按照宗教的"超越"一词的固有意义，所谓"内在超越"只能被理解

---

① 《礼记·中庸》：《十三经注疏》本，中华书局1980年影印版。

② 视儒家为宗教，实际上有两种立场：一是以任继愈先生为代表的立场，对儒家的宗教性"唯心主义"持批判态度；一是以海外新儒家为代表的立场，对儒家的宗教"超越性"持认同捍卫的态度。

③ 儒家之被称为"儒教"以及"三教"之说，虽然由来已久，但是当初所谓"教"，其本义并不是说的宗教，而只是说的"教化"。中国古代虽有宗教，但是并无现今"宗教"这个观念。古来"三教"具有一种共同的社会功能，就是教化作用。

为：其所寻求的超越存在（Transcendence）或超越物（Transcendent）不在人自身以外。但这是不可能的，或者说不过是一种 "词语的误用"。我们说过，宗教超越的本意就是既超出个体自身、又超出物质世界的范围之外，寻求某种外在的终极性的、作为人格神的存在。作为宗教意义的 "超越"，其超越性存在物只能是在人的存在之外的某种存在；否则就不是宗教性的超越，而只是哲学性的 "超验" 或者 "先验"。在宗教意义上，作为终极存在的超越存在乃是一种不仅绝对在先、而且绝对在外的存在预设。因此某些学者所谓的 "内在超越" 其实已经不是在说宗教精神意义上的 "超越" 问题，他们所说的实际上是精神境界的一种自我提升，因为这种最高境界并非绝对在先、在外的终极存在，更没有神的位格。儒家固然承认那么一个超越性存在物，那就是 "天" 或者 "天理"。这正是存在论原则在儒家超越方式上的体现。但是这种 "天理" 并不是人格神，而不过是类似于柏拉图 "理念" 的东西而已。这是哲学的超越物，而非宗教的超越物。

这里还有一个问题是必须辨明的，它同样涉及儒学究竟是否宗教的争论。这个问题就是：宗教总是以承认个体灵魂不朽或者可以不朽为前提的。如果我们承认这个前提，那么结论自然就是：儒学显然并不是确切意义上的宗教。儒家当然也追求不朽，例如著名的 "三不朽" 说。但是这里所说的 "不朽" 并不是说的灵魂不灭，而是孔子所说的 "君子疾没世而名不称焉"[①]。通俗地讲，儒家之所谓 "不朽" 就是流芳百世。这当然也是一种超越，但不是宗教式的超越，而只是哲学式的超越。

所以儒家并不追求那种具有宗教神格的超越性存在物，而只追求心性本体的 "先验性"、"超验性"，诉诸先验的、超验的 "心性"、"本心"、"良知良能" 等等。心性良知是先验的，因为它是不依赖于感知经验的，"德性所知，不萌于见闻"[②]；是超验的，因为 "天命之谓性"[③]，"天" 之所 "命" 的这种 "德性之知" 或者 "天德良知"，不仅是先于 "物交而知" 的 "闻见之知" 的，而且是先于个体生命存在的。仅就宋明理学而言，如果说陆

---

① 《论语·卫灵公》：《十三经注疏》本，中华书局1980年影印版。
② 张载：《正蒙·大心》，王夫之《张子正蒙注》本，北京古籍出版社1956年版。
③ 《礼记·中庸》。

王心学的"心体""良知"是先验的①，类似胡塞尔的"纯粹先验意识"，那么程朱理学的"天理"就是超验的，类似柏拉图的"理念"。这种超验的天理，更具有存在论的性质。当然，既经所谓"乾道变化，各正性命"②之后，这种"天理"也就成为"心理"了，超验的也就成为先验的了。

然而这种"心理"乃至"心"本身都是有限的存在，都是要随肉体之死而灭的。儒家是很充分地意识到这一点的。那么，儒家如何超越自身的有限性、追求无限性的"不朽"？这就涉及众所周知的儒家的一个特点了，这个特点就是群体关怀。其实，儒家的群体关怀，乃是出于个体关怀的。何以见得？因为在儒家观念中，个体存在是有限的，然而群体存在却是无限的。为了追求个体的不朽，就只能诉诸群体的生生不息。

个人的生命是短促而有限的，这是古往今来一直困扰着人们的一个严重的问题，所谓"对酒当歌，人生几何？譬如朝露，去日苦多！"③ 从凡夫俗子，到帝王将相、圣贤豪杰、文人骚客，人们一直企图找到一条能够超越个体生命的有限性、达到生命无限性的途径。而尤为令人惊异的是，古今中外的人们，几乎不约而同地采取了一种共同的路向，就是把自身有限的生命投入到某种无限的对象之中，以求不朽。区别仅仅在于，他们选择了不同的投入对象而已。

宗教的思路就是"出世"：将自身投入到某种无限、不朽的超越性存在物之中。儒家的思路则是"入世"：将个体溶入群体，就是将有限溶入了无限。这个无限的存在就是如孙中山所说的"人民的生活，社会的生存，国民的生计，群众的生命"④。保证群体永存的法则，就是仁、义、礼、智、忠、孝等等群体伦理原则。于是，儒家认为，通常情况下的"仁者爱人"、"克己复礼"⑤，极端情况下的"杀身成仁"⑥、"舍生取义"⑦，就是用以超越

---

　　① 如王阳明，虽然也承认超验的"天命之谓性"，但很少谈这个问题，实际上是把它"悬搁"起来了。他实际的初始预设是内在于人的"良知"。

　　② 《周易·乾象传》：《十三经注疏》本，中华书局1980年影印版。

　　③ 曹操：《短歌行》，朱东润主编《中国历代文学作品选》上编第二册，上海古籍出版社1980年版。

　　④ 《孙中山选集·三民主义》，人民出版社1956年版。

　　⑤ 《论语·颜渊》。

　　⑥ 《论语·卫灵公》。

　　⑦ 《孟子·告子上》：《十三经注疏》本，中华书局1980年影印版。

个体生命的有限性、达到无限性的不二法门。这里我想借用当今奉为人生楷模的雷锋的一句名言："人的生命是有限的，可是，为人民服务是无限的。我要把有限的生命，投入到无限的为人民服务之中去。"雷锋的不朽，正是由于他把个人的有限性存在投入了作为无限性存在的"人民"这个群体之中了。这是极为典型的儒家思维。于是我们也就不难理解，儒家为什么在"修身"的"内圣"之外，还要讲"外王"的"齐家、治国、平天下"了——所"修"之"身"也是速朽的，只有家、国、天下才是不朽的。但这种不朽，决不是宗教徒所追求的那种"上帝之城"的不朽。

关于佛道儒的"宗教超越性"问题^①

"超越性"问题不仅是宗教学、也是哲学上的一个重大基本问题。宗教上的"超越"和哲学上的"先验"和"超验",在西语中出于同一个词transcend（其原义为"超出……的范围"），即已表明了哲学的"超越"（超验、先验）与宗教^②的超越是相通的。本文试图根据我们对"超越"的一般界定，对中国的"三教"——佛教、道教和"儒教"^③各自的超越方式加以说明。

为此，这里有必要先规定超越性问题的理论视域：1. 个体性视域。超越、尤其宗教的超越，是一个纯粹个体性的问题。人作为个体，意识到自身生命存在在时间上的有限性，从而试图超越之，这是超越性问题的出发点。宗教的超越问题涉及若干维度，但本质上是关于个体"不朽"的问题。超出自我生命存在的有限性，就是追求某种无限性的存在。宗教超越性的个体性原则集中表现在灵魂不灭论上。2. 先验性视域。超越问题是一个先验性

———————

① 原载《北京理工大学学报》2002年第2期。

② 本文所说的"宗教"主要是指的原始宗教之后出现的所谓"人为宗教"，如基督教、佛教和道教等。

③ "三教"之说、及儒家被称为"儒教"虽然由来已久，但当初所谓"教"是说的"教化"，因为当时虽有宗教，但是并无现今"宗教"这个观念。"三教"具有共同的社会功能，就是教化。今日视儒家为宗教的实际上有两种立场：一以任继愈先生为代表，对儒家的宗教性"唯心主义"持批判态度；一以海外新儒家为代表，对儒家的宗教"超越性"持认同捍卫的态度。

问题，换句话说，超越问题需从"超越经验"谈起。这是因为个体对自身生命存在有限性的体认是通过经验的"原初所与"（the primordial given）获得的，"超越"的最初含义就是超出经验范围。这就难怪经验主义哲学决不谈论超越问题，因为他们认为，经验之外的任何存在都是不存在、或者不可知的，因而所谓"超越问题"就是个"伪问题"。宗教超越性的先验论原则集中表现在神灵创世论上，神灵乃是一种先验的乃至超验的存在。3. 存在论视域。超越问题是一个存在论①问题，因为超越总是指向某种终极性存在者（Ultimate Being），它是一个处于个体经验之外的、绝对的、纯粹的"所与"（the given）②。假如我们把这种原初的所与规定为感知经验，超越问题就不存在了；如果不满足于感知，试图超越经验范畴，这种所与就可能是某种纯粹先验意识、绝对理念、天理、天道，或者上帝、天命等等。宗教超越性的存在论原则集中表现在神灵存在论上，神灵及其彼岸世界乃是一种超验性、终极性的存在。

由此，我们可以给出一个"超越谱带"（Transcending spectrum）③：1. 超越经验。这是理性主义哲学的超越、亦即先验的（apriori）④ 超越的底线。例如笛卡儿、康德、胡塞尔（仅仅是"先验的"）、柏拉图、黑格尔（不仅是先验的，也是"超验的"）。2. 超越理性。这是意志主义、生命哲学、某些存在主义哲学的超越的底线。近代以来的所谓"人文主义"哲学派别基本上是这种超越理性的哲学。他们认为不仅经验、即使理性也不是初始的存在；真正原初的所与是意志或者"生命冲动"。3. 超越自我意识。这是一切非经验论的实在主义哲学、包括唯物主义的超越的底线。他们承认某种"超越性存在者"（Transcendent 超验存在），而它既不是理性给予的，也不是经验给予的，亦非任何自我意识给予的，而是外在的，自在的，"不以人的意识为转移的"。上面提到的柏拉图、黑格尔的理性主义其实也是一种

---

① Ontology，旧译为"本体论"。

② "所与"（the given）是个非常重要、但国内却探讨不多的问题。不同的"原初所与"，是不同的哲学和宗教的一个基本标志。

③ 这个谱带并不表明思维水平的高低，而只是表明各种不同的观念对于终极存在的不同理解而已。

④ Transcendental 的"超验"和宗教"超越"的含义是 a priori 所不具有的，后者仅指超越经验，这正是胡塞尔 transcendental 的用法。

实在主义，因为他们关于原初所与的预设也是某种超越自我意识的客观实在。4. 超越物质世界。这是宗教的超越的底线。宗教的一个根本特征，就是以某种"超越性存在者"为原初预设。中国的道教和西方的基督教都是如此，例如道教的神仙以及由神仙所组成的彼岸世界，基督教的上帝与天堂。5. 超越任何实在。这似乎是佛教大乘空宗的超越的底线。没有任何东西是实在存在的，一切皆空，都只是"缘起性空"的结果。但是这种要求是不可能的，实际上它仍然有"佛"的设定、及对"成佛"的诉求；否则反而使它失去了某种典型的宗教特征。

以上表明，哲学超越与宗教超越既是不同的，但又是相通的。"超验"的哲学与"超越"的宗教的相通之处在于，它们都诉诸"超验"的存在。至于哲学与宗教的区别，显然并不在于是否预设了绝对的超越性存在者，而在于这种超验存在是否具有人格神的特征，即是否具有神的"位格"（Person）。

下面，我们讨论中国"三教"的超越问题。

一、佛教的超越

对于佛教徒来说，经验的存在（肉体存在）不过是"苦"，而经验世界则是一片"苦海"，都是他所力求超脱或者"超越"的。他所悟的大智慧，就是超越了经验范围的一种纯粹先验的、乃至超验的东西。关于佛教的超越方式，我们不妨分析一下印度佛教的"四谛"理论：

"苦谛"把人生归结为一个"苦"字："彼云何名为苦谛？所谓苦谛者，生苦，老苦，病苦，死苦，忧悲恼苦，怨憎会苦，恩爱别离苦，所欲不得苦。取要言之，五盛阴苦。是谓名为苦谛。"（《增一阿含经·四谛品》）这八种"苦"被归结为"五盛阴苦"，亦即个体人生爱欲之苦。这显然也是从个体性原则开始的，试图将人引向对个体意识的超越。

"集谛"说明人生之"苦"的原因，其中"五阴聚合"说、"缘起"说和"轮回"说把一切实在归结为因缘合成的空无。例如人，作为"有情众生"之一，是所谓"五阴"聚合而成的。"五阴"又叫"五蕴"，即：色（略相当于物质）、受（略相当于感知）、想（略相当于语言思维）、行（略相当于行为意向)、识(略相当于主体意识)。这是试图将人引向对整个精神世界和物质世界、即所谓"三千大千世界"的超越。如此说来,就连"在之为在"①本身也都失去了其实在性。其实未必。"谛"指真理,"四谛"就是"四条真理"的意思。现在我们要问:如果一切皆空,那么这四条真理是不是实在的?例如,"业感缘起"的因果链条是不是实在的?如果也不是实在的,这里就存在着一种语义悖论;如果是实在的,这就是宗教超越的先验性原则(非经验性原则)的体现。

"灭谛"就是断灭、超脱了一切烦恼,亦即正式开始了彻底超越,叫做"涅槃"。不过,这好像还不是我们所说的"超越性存在者",也非任何"超验",因为"涅槃"不是任何一种实体,而是个体获得的一种"寂静"的精神境界或者精神状态。但其究竟如何,且看下文。

"道谛"指示通往"涅槃"境界的途径,即所谓"八正道",或者简单归纳为戒、定、慧"三学"。到此为止,佛教似乎还没有一个神格性的超越存在者。但已经有学者指出:"'涅槃'的'寂静'特征,与希腊的神灵性格就非常接近。'理论上的宁静正是希腊神灵性格的一个主要环节,亚里士多德也说过,"至善用不着什么行动,因为它本身就是目的"。'"②这是很有道理的。其实不仅如此,"涅槃"作为一种修为过程,本身必须有一个承担者,这就是个体性原则的必然要求——那通过"八正道"达到"涅槃"境界的是谁?"涅槃"作为一种境界,无疑是一种超验性的存在,这就是先验性原则的要求;"涅槃"作为一个目标,便是"成佛","佛"无疑是超验的终极性存在者,这就是存在论原则的必然要求。

印度佛教的大乘空宗似乎表现为一种最彻底的宗教,因为它似乎连作为个体性原则的自我意识也否定了。空宗认为,肯定自我、包括肯定自己灵魂的存在,都是一种应该破除掉的"执",谓之"我执";另一方面,天堂一类的彼岸存在也是应该破的"执",属于"法执"。这似乎跟我们上面所说的原则相悖,然而其实不然,它仍然是必须承认两个原则的:内在的个体性

---

① 亚里士多德语: to on he on, 亦即 being as being。没有任何哲学或宗教是不承认某种"在之为在"的,作为"存在预设",这是一切哲学和宗教的底线。

② 杜继文主编:《佛教史》,中国社会科学出版社 1991 版,第 22 页。

原则，外在的终极存在论原则。就存在论原则来看，即便是大乘空宗这种主张一切皆"空"的宗教，也有"佛"（Buddha）的位格。这一点是至关重要的。然而这就跟个体性原则发生关联了：如上所说，既求"成佛"，那么是谁在求成佛？空宗尚且如此，其他更不消说了。

中国的佛教宗派亦然。如唯识宗，它本属于印度的大乘有宗，其核心观念是"唯识无境"。"境"是我法两执的幻有、假象，是应该被破除的。但它承认某种实有、真相，那就是"识"。但这个"识"并非个体的心识，而是属于客观理念主义的终极存在。进一步说，共有"八识"，其中唯有"阿赖耶识"才是那个作为终极理念的实有。这就是它所承认的存在论原则。那么另一方面，个体自我在哪里呢？这里显然存在着一个矛盾：如果自我也是一种如"识"一样实在的存在，那么，我们还有什么必要去"悟"那个外在的"识"呢？可是另一方面，如果自我也属于一种虚幻的"境"，那么，谁、为什么要去"悟"那个"识"呢？既然一心要去"悟"那个"识"，那就必然已经预设了一个欲解脱者、欲觉悟者或欲超越者，亦即自我灵魂的存在。① 这正是宗教超越的个体性原则的必然要求。所以，彻底的"空"，彻底的"无我"，本身已经背离了宗教的一种本质规定——那就是追求个体的不朽。

所以，代之而起的是出现了禅宗（佛心宗）。鉴于正宗的印度大乘佛教因不愿承认个体性原则而导致其逻辑上的根本乖谬，禅宗干脆地承认了宗教超越性的个体性原则：在禅宗的观念里，佛性乃我固有，佛心便是我心。但是对于禅宗，我们可以从两个方面来加以认识：一方面，就其肯定宗教超越的个体性原则而言，它比大乘空宗、甚至有宗更具有宗教性特征；但是另一方面，就其否定了西方极乐世界、否定了彼岸、否定了任何外在的超越性存在物而言，它却没有超越自我意识，在这个意义上，它又是宗教性最弱的。在后一种意义上，禅宗更近于儒家心学的超越方式。惟其如此，禅宗才与宋代理学的心性之学发生互动。

---

① 这里存在着一种特别值得指出的现象：哲学、宗教的许多基本观念，例如"给予"、"悟"、"识"、"现象（呈现）"等等，本身都已经预设了主体和对象的存在。例如"现象"一词，已经预设了"谁把什么呈现给谁"。佛教之所谓"悟"，同样已经预设了"谁悟什么"。这里，"谁"就是个体性原则所要求的那个承担者，"什么"就是存在论原则所要求的那个超验存在物。

二、道教的超越

将作为宗教的道教跟作为哲学的道家加以对照分析，可以非常清楚地分辨出宗教超越与哲学超越的界线。

它们的共性在于典型地体现了试图超越个体有限存在的努力，从而充分地体现了超越性的个体性原则。在我看来，道家、道教的主旨都是"个体生命关怀"①，亦即追求个体生命的不朽。而且，它们都是从超越经验、即从先验性原则出发的。道家、道教批判经验常识，认为那是"前识"，这很像胡塞尔批判经验主义的"自然立场"（natural standpoint），反对以感知经验为原初所与。道家认定，"为学日益，为道日损"。"学"就是经验的知识，经验主义认识方法的特征就是积累（益）；"道"则是先验的超越存在，先验主义认识方法的特征则是胡塞尔式的"悬置"（损）。"道"也正是关于超越的存在论原则的要求。

但是，道家和道教所寻求的这种超越性存在者又是截然不同的：作为哲学的道家，其超越者仅仅是"道"，那是一种类似"逻各斯""理念"或者"天理"的存在，道家也因此而成其为哲学；然而作为宗教的道教，虽然也追求"道"，但还追求另外一种对它来说更为重要的超越性存在者，那就是类似西方基督教"上帝""天堂"一类的神仙以及彼岸神仙世界，道教也因此而成其为宗教。这就是道教跟道家的根本分野。

顺便指出，就其超越性的个体性原则来看，道教似乎具有一种无法克服的内在矛盾：道教的终极追求乃是个体的长生不死，这种不朽乃是包括了肉体存在的。这一点实在是令人惊异的。一般来说，宗教的超越总是否定、至少也是鄙视肉体的存在的。其他几大宗教都不追求肉体的不朽，而只追求灵魂的不朽。例如佛教，对肉体这个"臭皮囊"鄙视之极。在这个问题上，道教是个例外：不仅承认灵魂可以不朽，而且认为肉体——通过炼丹、服食——同样可以不朽，至少可以"长生久视"。仅就这个问题而言，我们似

---

① 参见拙文《生命结构与和合精神》，《社会科学研究》1998 年第 1 期；《老子哲学：生存之道》，《四川大学学报》1998 年第 2 期。

乎可以质言之：道教竟然较少地具有宗教的超越精神。

三、所谓"儒教"的超越

人们对儒家有一种极大的常见误解，以为儒家是只承认群体原则，否定个体原则的。我们记忆犹新的是，当年的新文化运动一面张扬个性，一面激烈批判儒家传统。我们似乎可以说，儒家既然以伦理精神为核心，它所关注的也就是群体生存结构的问题。但是我们不要忘记了，儒家的落脚点乃在"自天子以至于庶人，壹是皆以修身为本"①，而修身的承担者正是个体。我们熟知的《大学》所谓"修齐治平"，其实不仅是为社会群体而规划的理想境界，而且首先是为个体人生而规划的理想境界：作为"外王"的"齐治平"，只是作为"内圣"的"修"的彻底实现；而"修"的目标不是群体的"大同"，而是个体的"知性""知天"——"成圣"。按孟子的意思，所谓尽心、知性、知天、成圣，不过是个人找回放失的自我的过程。这就是说，"修齐治平"不仅是社会价值的实现，而且首先是个人价值的实现。这里，作为社会理想境界的群体生存结构，似乎充当了超越性的个体性原则的工具。仅就这个方面而言，儒学似乎确实近乎宗教。

这就导致了另外一种误解，以为儒家也是一种宗教，而称之为"儒教"。关于儒学或者儒教，近年来人们比较多地谈论"内在超越"问题。鉴于有人以中国传统文化缺乏西方那种宗教超越精神而否定中国文化传统的现代价值，某些带有强烈的"文化情结"的华人学者和中国学者便针锋相对地提出，西方式的超越只是一种"外在超越"，而中国儒家式的是"内在超越"。他们试图以儒家具有超越精神来证明儒家具有宗教精神，进而证明儒家文化传统的现代价值。

所谓外在超越，就是设置一个彼岸的超越性存在物，如基督教的上帝；而所谓内在超越，则并不设置这样一个彼岸的超越存在。然而在我看来，按照宗教的"超越"一词的固有意义，所谓"内在超越"只能被理解为：其所寻求的超越存在（Transcendence）或者超越性存在物（Transcendent）不在人自身以外。但这是不可能的，或者说不过是一种"词语的误用"。我们说过，

---

① 《礼记·中庸》。

宗教超越的本意就是既超出个体自身、又超出物质世界的范围之外，寻求某种外在的终极性的、作为人格神的存在。宗教意义的"超越"，其超越性存在物只能是在人的存在之外的某种存在；否则就不是宗教性的超越，而只是哲学性的"超验"或者"先验"。因此某些学者所谓的"内在超越"，其实已经不是在说宗教精神意义上的"超越"问题，因为所谓"内在超越"这种最高境界并非绝对在先、在外的终极存在，更没有神的位格。儒家固然承认那么一个超越性存在物，那就是"天"或者"天理"。这正是存在论原则在儒家超越方式上的体现。但是这种"天理"并不是人格神，而不过是类似于柏拉图"理念"的东西而已。这是哲学的超越物，而非宗教的超越物。

还有一个必须辨明的问题，它同样涉及儒学究竟是否宗教的争论。这个问题就是：宗教总是以承认个体灵魂不朽或者可以不朽为前提的。如果我们承认这个前提，那么，结论自然就是：儒学显然并不是确切意义上的宗教。儒家当然也追求不朽，例如著名的"三不朽"说。但是这里所说的"不朽"并不是说的灵魂不灭，而是孔子所说的"君子疾没世而名不称焉"①。这当然也是一种超越，但不是宗教式的超越。所以儒家并不追求那种具有宗教神格的超越性存在物，而只追求心性本体的先验性、超验性，亦即诉诸先验的、超验的"心性"、"本心"、"良知良能"等等。

心性良知是先验的，因为它是不依赖于感知经验的，"德性所知，不萌于见闻"②；同时是超验的，因为"天命之谓性"③，"天"之所"命"的这种"德性之知"或者"天德良知"，不仅是先于"物交而知"的"闻见之知"的④，而且是先于个体生命存在的。且以宋明理学而言，如果说陆王心学的"心体""良知"是先验的，类似胡塞尔的"纯粹先验意识"，那么程朱理学的"天理"就是超验的，类似柏拉图的"理念"。程朱理学的这种超验的天理，更具有存在论的性质。当然，既经所谓"天道变化，各正性命"⑤之后，这种"天之理"也就成为"心之理"了，超验的也就成为先

---

① 《论语·卫灵公》。
② 张载：《正蒙·大心》。
③ 《礼记·中庸》。
④ 《正蒙·大心》。
⑤ 《易·乾象传》。

验的了。这正是陆王心学所着力揭示的。如王阳明，虽然也承认超验的"天命之谓性"，但很少谈这个问题，实际上是把它"悬搁"起来了。他实际的初始预设是内在于人的"良知"。王阳明的"良知"只是胡塞尔的"纯粹先验意识"那样的东西。

　　然而这种"心理"既然存于人心，那么它本身也是要随肉体之死而灭的，即只是一种有限的存在。儒家从来都是正视个人肉体必然死亡这个事实的。那么，儒家如何超越自身的有限性、追求无限性的"不朽"？这就涉及众所周知的儒家的一个特点了，这个特点就是群体关怀。上文说过，儒家的群体关怀实质上是出于个体关怀的。何以见得？因为在儒家观念中，个体存在是有限的，然而群体存在却是无限的；为了追求个体的不朽，就只能诉诸群体的生生不息。将个体融入群体，就是将有限融入了无限。这个无限的存在就是如孙中山所说的"人民的生活，社会的生存，国民的生计，群众的生命"①。保证群体永存的法则，就是仁、义、礼、智、忠、孝等等群体伦理原则。于是，儒家认为，通常情况下的"仁者爱人"、"克己复礼"②，极端情况下的"杀身成仁"③、"舍生取义"④，就是用以超越个体生命的有限性、达到无限性的不二法门。于是我们也就不难理解，儒家为什么在"修身"的"内圣"之外，还要讲"外王"的"齐家、治国、平天下"了——所"修"之"身"也是速朽的，只有家、国、天下才是不朽的。作为儒家"群经之首"的《周易》所说的"天地之大德曰生"，"生生之谓易"⑤，表面上是在讲"天理"，其实既非"天道"，亦非"神道"⑥，实质上是在讲"人道"——群体生生不息之道。这就难怪人们发现，儒家的宇宙论总是带有浓厚的伦理学色彩。

---

　　① 孙中山：《三民主义·民生主义》。孙中山的"民生主义"其实是儒家超越精神的一种现代话语转换形式。

　　② 《论语·颜渊》。

　　③ 《论语·卫灵公》。

　　④ 《孟子·告子上》。

　　⑤ 《易·系辞传》。

　　⑥ 《易传》讲的"神道设教"，所谓"神道"是指的"一阴一阳之谓道"、"阴阳不测之谓神"。这些都与宗教无关。

论哲学与宗教的超越观念

——评"儒教"说与"内在超越"说①

目前，关于李申先生《中国儒教史》及"儒教"是否宗教问题的论战正在激烈进行，许多学者参与其中，李申先生也为此在网上发表了一系列答辩文章。② 我的感觉是，论战双方发表出来的诸多高见，往往都颇具启发性；但总令人有一种意犹不足之感，就是关于解决儒学与宗教问题的要害之点，始终朦朦胧胧、隐隐约约。我的意思是，"儒教"问题本身乃是"对象性"问题，它的前提是"元"问题。元问题不解决，对象性问题也无从解决。

在我看来，这个问题就是关于"超越"的问题。其实，现代新儒家学者早已注意到，理解儒学与宗教之关系的关键，就是"超越"问题。近来，这种观点愈益为许多学者所接受。不过，我跟他们的看法有些不同。我的观点，简单说就是：我同意杜维明先生"儒学具有宗教性"的提法，但不同意现代新儒家把"内在超越"视为儒家所特有的超越方式的观点；我同意"儒学具有超越性"的判断，但不同意李申先生"儒教就是宗教"的断定。在我看来，儒学是超越的，并且是内在超越的，但这不是儒学独有的特征，中外都有不少的哲学和宗教是内在超越的；儒家是具有宗教性的，但不能简单说儒家就是宗教。

---

① 原载《恒道》第二辑，吉林文史出版社 2003 年版。

② 均见"www. confucius2000. com"网站。

　　这里问题的要害，就在如何理解"超越"。我感觉人们在"超越"问题上存在着诸多观念上的模糊混乱之处，这不利于我们正确地认识、准确地把握儒学的本质。现在首当其冲的问题，是对"超越"概念的澄清。

一

　　我首先想指出：超越性并不必然导致宗教性，因为哲学和宗教都追求超越（否则就是对哲学与宗教的双重无知）；具有宗教性的哲学并不等于就是宗教，正如具有哲学性的宗教并不等于就是哲学（这里所谓"哲学"没有包括"宗教哲学"）。

　　虽然超越的观念是中国所固有的，但是"超越"这个概念却是个舶来品。西语"超越的"（Transcendental）一词，依其使用的场合，哲学上译为"先验的"、"超验的"，宗教上译为"超验的"、"超越的"等等；进一步说，仅就哲学而言，"先验的"和"超验的"也是有很大区别的。例如笛卡儿的理性只能说是先验的，而柏拉图的理念则可以说是超验的；哲学的超验实在，只具有"实体"（Substantive）的意义，宗教的超验实在，还具有"位格"（Hypostasis）的意义，等等。这决不仅仅是一个译名的问题，因为即便在西语本身里，不同的用法也牵涉到不同的指称，具有哲学语义学、语用学的不同含义。但是无论如何，上述种种不同用法，都是从同一个动词 to transcend 引申出来的，而这个动词的基本语义是："超出……的范围"。这就是沟通哲学与宗教的语义基础：它们都是"超越的"。

　　显然，"超越"这个动词的用法，已经预设①了这种精神活动的几个条件：1. 谁在寻求超越？这是关于超越的主体、即超越者（The Transcender）的问题；2. 从哪里超越出去？这是关于超越的对象或者范围、亦即被超越者（The Transcended）的问题；3. 向哪里超越？这是关于超越的目标、即设定的超越性实在（The Transcendence）的问题；4. 如何超越？这是关于超

――――――――

　　① "预设"（presupposition）的定义是：如果一个陈述和它的否定陈述都同样蕴涵着一个命题，那么这个命题就是那个陈述的预设。笔者给出的形式定义是：$(p \mid : q) \equiv (p \rightarrow q) \wedge (\neg p \rightarrow q)$。（符号 $\mid :$ 表示"预设"，$\equiv$ 表示"当且仅当"）。

越方式（The Manner of Transcending）的问题。讨论如下：

1. 超越的主体：超越者

首先可以确定，超越者是任何超越行为的一个必不可少的主体设定。"超越"观念所设定的主体，乃是个体性的精神性存在者。一方面，超越行为当然不是那种类似跨越沟坎那样的身体动作，而是一种精神行为。这种精神行为的主体，一般说来，在哲学是心灵（Mind），在宗教是灵魂（Soul）；另外一方面，超越作为精神行为是纯粹个体性的：在哲学，它是关于个体心灵的问题；在宗教，它是关于个体灵魂的问题；而具体到比较特别的佛教，它是关于"补特伽罗"（Pudgala）即"我"的问题。总之，无论对于哲学还是宗教，作为超越者的精神自我是不可能被真正彻底置空的。但是哲学与宗教的超越者有所不同，一般说来，哲学所设定的个体心灵决不是那种永存不朽的在者①，而宗教所设定的灵魂则是永生不灭的，这就是宗教的超越者和哲学的超越者之间的一个本质区别。宗教"之所以要'设定''不朽'，是因为如果人的人格、精神、灵魂随'时间'而消失，则一切的'向上行善的努力'也将失去意义"②（至于独特的佛教的"人无我"及所设定的超越者"补特伽罗"，则是可以另文讨论的一个问题）。

2. 超越的对象或者范围：被超越者

被超越者、即超越的对象或范围，也是超越行为的一个必不可少的设定。前面说过，"超越"的语义就是"超出……的范围"。这个范围就是超越的对象，亦即超越者要从中超脱出去的对象。其实正是这个被超越者，例如老子面对的"出生入死"的现实、孔子面对的"礼崩乐坏"的局面，或者柏拉图面对的虚幻的"影子"世界、胡塞尔面对的导致科学危机的"自然立场"，或者佛陀面对的人生"苦谛"、耶稣基督面对的人生"苦难"等等，引发了主体潜在的超越冲动；一旦超出了这个对象或者范围，主体也就

---

①　苏格拉底对个体灵魂不灭的坚定信念，本身并不是哲学的范畴，而是他对希腊传统宗教信仰的继承；他后来对这种信念的理性证明，才是属于哲学范畴的问题。见柏拉图《斐多》。
②　叶秀山：《"哲学"如何"解构""宗教"——论康德的〈实践理性批判〉》，《哲学研究》1997年第7期。

获得了解放或者解脱。因此，超越是一个关于"自由度"的问题：在这个范围内没有自由，跳出了这个范围就有了自由。哲学中的被超越者，依哲学思路的不同而多种多样，诸如物质实在、经验实在、甚至理性实在等等（详下）；而宗教中的被超越者，就是此岸世界。佛教的超越对象就是作为一大"苦聚"的"轮回"世界，中国佛教所谓"跳出三界外，不在五行中"，就是一种非常形象的说法，此"三界"与"五行"便是被超越者。

3. 超越的目标：超越性实在

某种绝对的超越性实在也是任何超越行为所必不可少的一个目标设定。当主体超出原来的存在时，他必然在精神上投入了另一个在他看来真正实在的存在，而决不是虚无。① 也正因为如此，超越也是一个存在论问题，或者叫做"世界观"问题。超越问题之所以本质上是一个形而上学问题，是因为它总是指涉着某种在超越者看来具有终极性的存在（Ultimate Being），这种终极存在作为"终极因"（Ultimate Cause），作为"原初所与"②，是一种"绝对的在先"（Absolute Prior）——不论在时空上、还是在逻辑上。在时空上，它就是所谓"本体"（Noumenon）③；在逻辑上或语用上，它就是语义"预设"（Presupposition）。作为超越性实在，这种原初所与是因人而异的，在哲学与宗教里，它可能是感性经验、先验理性、绝对理念、心性良知、天理、天道、上帝、天命，等等（至于佛教的"法无我"观念，也是可以另文讨论的问题）。这显然就是典型的存在论问题了。

这说明，仅从一般超越性要素的视角来看问题，尚不足以将哲学与宗教区分开来。哲学与宗教的区别乃在于：（1）两者对作为超越主体的超越者的设定不同，即：是速朽的心灵？还是不灭的灵魂？（2）两者对作为超越

---

① 按萨特（J. -Paul Sartre）的意思，恰恰是那个被超越的存在状态才是不实在的虚无。这与佛教"缘起性空"的观念不无相通之处。

② 胡塞尔语，originär gebende，the primordial given。"所与"（the given）是个在哲学上尤其要紧、但人们却探讨不多的问题。任何哲学的逻辑起点，对于这个哲学体系来说，都是一种自明的原初所与。

③ 此处"本体"是本原论意义的。早期哲学本体论都具有尚未分化的两重意义：（1）本原论，探究宇宙在时空上的本原（参见亚里士多德《形而上学》，I. 3，983b），所以又称为"宇宙论"（Cosmology）；（2）本质论，探究世界的本质，它是"现象"这种观念的一个必然的预设。

目标的超越性实在的设定不同，而其关键在于：这个超越性实在是否具有神的"位格"？宗教之神的位格（Hypostasis）同时具有双重的观念：一方面，它是哲学那样的"实体"（Substantive）观念（宗教之具有哲学性，这也是一个很重要的因素）；但另一方面，它还具有宗教独具的"人格"（Person）观念：它（或他）不仅是具有理性的，还是具有意志、情感的（有时还是具有感性形象的）。这就是通常所说的"人格化"的实体，例如上帝、太上老君等等。然而无论哲学还是宗教，超越性实在都具有世界的本原和/或本质的意义。如就本原意义而言，区别在于：在哲学，它是所谓"宇宙论"的始基；在宗教，它（或他）是"创世纪"的绝对主体、即是 God 那样的绝对实在。超越性实在是否具有创世性，这显然是区分哲学与宗教的一个很重要的指标。

4. 超越方式

最后，超越的方式也是超越行为的一个必不可少的设定。所以，超越同时是一个一般方法论问题。通常以为世界观决定着方法论，其实不然。"世界观"这个短语实在是非常贴切的：对于超越者来说，"世界"如何，取决于我们如何"观"它（这使我们想起尼采的"透视"观念）；而"如何观"，这就是方法论问题。例如，我们知道，老子对世界的看法就是取决于如何"观"的，佛教对世界的看法也是取决于如何"观"的（"看破"）。不是我们的世界观决定了我们的方法论，恰恰相反，正是我们的方法论决定了我们的世界观。这一点对于哲学和宗教来说都是极为要紧的，甚至于可以说是具有某种决定性的。哲学的超越方式通常是理智的或理性的[①]，而宗教的超越方式则通常是信仰的或信念的；但哲学也有信念的方式，宗教也有理性的方式，例如中世纪基督教就有"先信仰后理解"还是"先理解后信仰"的不同思路，但总体上还是"因信称义"的。

总起来说，宗教的超越之不同于哲学的超越，必有四个前提作为自己的语义预设：关于作为超越者的个体灵魂不灭的设定，关于作为被超越者的此岸的设定，关于作为超越性实在的彼岸存在的设定，关于作为超越方式的信

---

① "理智"（understanding）和"理性"（reason）是不同的。

仰确立方式的设定。

依据上述讨论，我们就可以归纳古今中外一切可能的哲学和宗教，给出一个统一的、犹如一条七色光谱的"超越的谱带"（Transcending Spectrum）。①

对哲学的不同派别和宗教的不同宗派的区分，首先可以根据他们对"实在"或"终极实在"所持的立场来判断。这种终极实在，就是超越的目标，即超越者所追求的超越性实在（Transcendence）。对于哲学和宗教来说，这种超越目标、终极实在乃是一切存在的本原、本质和基础；它是原初的、自明的、绝对的即无条件的"所与"。不同的哲学和宗教对于何为"实在"所持有的不同立场，大致可以分类如下：

一、物质实在

（1）感性实在：自然万物（自然主义哲学、朴素实在主义哲学）

（2）理性实在：物质（近代物质主义哲学)②

二、精神实在

1. 内在精神实在

（1）内在感性实在：感知经验（经验主义哲学）

（2）内在理性实在：先验理性（先验理性主义哲学，如笛卡儿、胡塞尔）

（3）内在意向实在：个体情感意志（某些非理性主义哲学，如某些存在主义哲学)③

2. 外在精神实在

---

①　这里有必要指出：这个谱带并不表明思维水平的高低梯级，它们是平行的，即只表明各种不同的观念对于终极存在的不同理解而已。它们共同构成了丰富多彩的精神世界。这就正如在一条光谱上，各种颜色并无所谓高低之分。

②　"物质主义"（Materialism）源出"物质"或者"质料"（Mater，亚里士多德语），旧译"唯物主义"，不妥。在"质料"意义上，自然实在主义也是一种物质主义；但抽象的"物质"意义是近代物质主义的观念。近代哲学所谓"物质"，并非具体的自然事物，而是一种理性的抽象："实物、物质无非是各种实物的总和，而这个概念就是从这一总和中抽象出来的。"（恩格斯：《自然辩证法》）

③　此处所谓"意向"（Intention）非胡塞尔所谓"意向"（Noesis），而指的在心灵结构二分法中与"认知"相对的方面，即包括情感和意志。

（1）外在感性实在：作为感性存在的崇拜对象（自发宗教，例如图腾）

（2）外在理性实在：超验理性（理念）（超验理性主义哲学，如柏拉图、黑格尔）

（3）外在意向实在：本体意志（某些非理性主义哲学，如意志主义哲学、生命哲学、某些存在主义哲学）

（4）外在综合实在：作为理性意志存在的崇拜对象（人为宗教，例如上帝）

除超越方式外，如果综合"超越"的其余三个方面的预设要素，我们可将超越的"七色光谱"列表如下①：

超越范围	超越目标	主体	哲学	宗教
（无）	（无）		（自然主义）	
（无）	（无）		（物质主义）	
1. 物质实在	内在感性实在	心灵	经验主义	
2. 内在感性实在	内在理性实在	心灵	先验理性主义	
3. 内在理性实在	内在意向实在	心灵	某些非理性主义	
4. 内在理性实在	外在感性实在	灵魂		自发宗教
5. 外在感性实在	外在理性实在	心灵	超验理性主义	
6. 外在理性实在	外在意向实在	心灵	某些非理性主义	
7. 外在理性实在	外在综合实在	灵魂		人为宗教
（任何实在）	（无）	（无）	（彻底虚无主义）	原始佛教

应该指出，自然主义和物质主义的"物质实在"既不是超越对象，也不是超越性实在，他们并不寻求从物质实在中超脱出去，因此，这类哲学并不存在超越问题。作为精神行为的超越，是从超越物质实在开始的。

以上关于"超越"问题的一般性讨论表明，要区分哲学与宗教、进而

---

① 这里暂时只列西方的哲学与宗教，我们把中国的哲学与宗教问题放到后面两节去集中讨论。

说明儒学的性质，在"超越"的四个基本的语义预设中，最关键的是澄清儒学所设定的超越主体（超越者）和超越目标（超越性实在）。

这里我尤其想指出：在上表中，自1至3的超越，都是所谓"内在超越"，也就是说，他们所设定的超越性实在对人来说都是内在的。这就说明，所谓"内在超越"并不是中国儒学所特有的东西。

二

根据上文的讨论，要判定儒学的哲学性或宗教性，首先必须说明儒学的超越主体、即超越者，究竟是不灭的灵魂、亦或仅仅是速朽的心灵。李申先生引证了传教士利玛窦关于儒学的评论，用以证明儒学就是宗教：

> 古代人似乎不大怀疑灵魂不朽，因为人死之后的很长时期，他们还常常谈到死去的人，说他上了天。……较晚近的儒家则教导说，人的肉体一死，灵魂也就不复存在，或者只再存在一个很短的时间。……这一学派教导说，只有正直的人的灵魂才继续存在。他们说一个人的灵魂由于德行而加强并能巩固而持久，但坏人却不是这样，他们的灵魂刚一离开身体就像一股轻烟那样消散了。①

姑且不谈利玛窦对儒家是否存在误读的问题，其实只要细读这段引文，它本身就已经说明了，就儒学所设定的超越主体来看，他时而是不灭的灵魂，时而又仅仅是速朽的心灵。这正是儒学在超越者问题上的一个突出的特点：在超越主体问题上没有一个恒定的一以贯之的、或哲学或宗教的设定。这个特点表现在儒学发展的历史过程中：有时更倾向于灵魂不灭，有时更倾向于心灵速朽。换句话说，就超越者来看，儒学显然不是宗教，但同时具有宗教性。这就是我对于儒学性质的判定。

但从总体上看，我倾向于认为儒学的哲学性远远大于宗教性。对这个问

---

① 《利玛窦中国札记》第一卷第十章《中国人的各种宗教派别》。李申《对詠明君回应的回应之——传教士看儒教和清末儒者对儒教的自我意识》，"www. confucius2000. com"网站2001，10，20。

题的认识，主要基于对儒家"不朽"观念的分析，因为我们知道，儒学中人一般都是追求个人的不朽的。关于何为不朽，历来存在着种种认识，但其中最有代表性、为广大儒者所认同的，显然是关于"三不朽"的说法："大（太）上有立德，其次有立功，其次有立言，虽久不废，此之谓不朽。"① 关于立言，曹丕有过经典的表述，认为并不是成仙成佛、而是"文章"著述才是"不朽之盛事"；因为必须承认"年寿有时而尽，荣乐止乎其身"，即个人生命是速朽的，"未若文章之无穷"②。至于立功，也是古来贤臣良将努力追求的人生目标，这也就是儒家倡导的"志士仁人，无求生以害仁，有杀身以成仁"、在"鱼"与"熊掌"间"舍生而取义也"的意思③。"杀身"、"舍生"说明，身、生都是速朽的。至于说到立德，儒家认为这是"三不朽"中的最高层次，因为"有德者必有言"④、亦必有功。总之，"三立"乃是"不朽"的必要条件、基本手段：如果灵魂本来就是不灭的，就无所谓立德、立功、立言了，因为就灵魂总是不灭的这一点来说，升天堂的幸福跟下地狱的痛苦并没有实质区别。

我们知道，儒家对生前的关注远远超过对身后的关怀。众所周知，孔子明确地说过："未知生，焉知死？""未能事人，焉能事鬼？"⑤ 孔子对于鬼神的一般态度是："子不语怪力乱神。"⑥ 这当然并不是说孔子对个人死后的问题毫无兴趣。他所不关心者，只是死后的所谓"鬼"或"灵魂"的问题；但他对于死后"心灵"的问题，却是异常关心的。我们知道，孔子在《论语》中两次提到"君子疾没世而名不称焉"⑦。这就一语道出了儒家追求不朽的原因：他所关心的不是灵魂速朽或不灭的问题，而是个人生命速朽之后，是默默无闻甚至遗臭万年、还是流芳百世的问题。这并不是出于在世的虚荣，而是基于这样一种认识：个人有生之"世"必然速朽，然而其"名"

---

① 《左传·襄公二十四年》。
② 《典论·论文》。
③ 《论语·卫灵公》、《孟子·告子上》。
④ 《论语·宪问》。
⑤ 《论语·先进》。
⑥ 《论语·雍也》。
⑦ 《论语·卫灵公》。

可以不朽。苏格拉底欣然赴死，是因为相信灵魂不灭；而儒者欣然赴死，则是因为他们相信自己能够由其死而流芳百世，这就是历史上有那么多的儒者冒死相谏、以死相争的精神动力、信念力量。

而此精神动力，源自他们对于生命问题的思考。儒家区分了个体生命和群体生命，并认为：个人的生命存在是有限的、速朽的，而家、国、天下这样的群体的生命存在则是无限的、不朽的、生生不息的。儒家学者日常思考问题的基本内容，就是如何可以保障群体永存的那些基本法则，亦即仁、义、礼、智、忠、孝等等群体伦理原则。在这个问题上，荀子"明分使群"的思想可谓深得要领。于是，个体的不朽其实在于群体的不灭。儒家认为，通常情况之下的"仁者爱人"、"克己复礼"，极端情况之下的"杀身成仁"、"舍生取义"，就是个人赖以超越生命的有限性、达到生命无限性的恒定途径。上述所谓流芳百世，此"百世"也就是群体的不朽；至于个体的不朽，在于个人在群体中的声名、精神、心灵的永不磨灭。

退一步看，即便某些儒者相信个体灵魂不灭，这也仍不足以充分说明他们就是宗教信徒，因为将超越主体或超越者设为不灭的灵魂，这也不是宗教的专利。事实上，许多哲学家都是相信灵魂不灭的，但人们并不因此就认为他们是宗教家。前面提到的苏格拉底就是一个典型；其他还可举出许多，例如柏拉图、笛卡儿这样的大哲学家。甚至许多伟大的科学家，也是相信灵魂不灭的，但人们仍然不会视之为宗教家。由此可见，将超越主体设为不灭的灵魂，这只是宗教的必要条件，但决不是充分条件，我们不能据此判定其为宗教。我们在这方面举出再多的例证材料，也是无济于事的。

如前所说，宗教与哲学之间最重要的区分，乃在于超越性实体的"位格"。下面我们据此继续分析儒学的性质。

三

确定儒学的哲学性和宗教性的另一个重要方面，就是儒学对超越性实在的设定。正是在这个问题上的混乱，导致了或肯定、或否定儒家"内在超越"的对立观点。

我以为，在儒学的超越目标或超越性实在问题上，至少有这样三个或者三套基本观念之间的关系，是必须加以分析的：天或命，心或性，圣人。这三种观念似乎都是儒学的超越性实在，它们各自的意味如何？它们之间的关系如何？

我们知道，儒家人格理想的最高境界就是"修身成圣"——修身是超越方式（如《大学》讲的格、致、诚、正），成圣是超越目标。就超越的要素看，这就犹如道教的修身成仙、佛教的修身成佛。可是，圣与仙、佛的性质是否一样？回答当然是否定的，这是上一节已经讨论过的关于超越主体或者超越者的问题。一般说来，在个体生命存在问题上，儒家并不认为非圣就是生命速朽的、成圣就是灵魂不灭的。这是因为前面说过的，儒家一般并不认为灵魂不灭。所以，单就圣人境界来看，它并不是宗教性的境界，而是哲学性的境界。何为圣人？一般来说，儒家所谓"圣人"同时包含着两个方面的规定：一是最高的智能，二是最高的道德。孔子正是从这两个方面来看圣人的。智能方面：

> 大宰问于子贡曰："夫子圣者与？何其多能也？"子贡曰："固天纵之将圣，又多能也。"子闻之，曰："大宰知我乎？吾少也贱，故多能鄙事。君子多乎哉？不多也。"①

道德方面：

> 子贡曰："如有博施于民而能济众，何如？可谓仁乎？"子曰："何事（止）于仁？必也圣乎！尧舜其犹病诸！"②

当然还存在着关于"圣人"的种种说法，不过，如果我们采取儒家公认的主流观念，那么显而易见，孟子一系的观念应该是最有代表性的。孟子也是从这两个方面来看圣人的。例如他说："伯夷，圣之清者也；伊尹，圣

---

① 《论语·子罕》。
② 《论语·雍也》。

之任者也；柳下惠，圣之和者也；孔子，圣之时者也。孔子之谓集大成。"①
"清""和"是讲的道德方面，"任"则是讲的智能方面；而孔子兼具之。
按照孟子的理解，成圣就是："尽其心者，知其性也；知其性，则知天矣。
存其心、养其性，所以事天也。"② 这里的"心""性"显然也兼两个方面：
智能与道德，或者理性与情感。因为尽心知性既是道德的事，也是认知
的事。

　　李申先生也引过孟子这段话，作为儒学是宗教的一条证据，主要是把
"事天"解释为"侍奉上帝"。对此，陈詠明先生已进行了反驳，我是同意
这个反驳的。那么，圣与心性是什么关系？孟子的思路，"圣"与"心性"
意思是一致的：所谓"圣"，也就是能够"尽心"而"知性"、"存心"而
"养性"，如此而已。此"心"此"性"是说的良心善性、良知良能，是跟
宗教的永存不灭的"灵魂"无关的。先验的良心善性是超越的目标，与之
对立的后天习染的私心恶行是超越的对象。这就是儒家"十六字心传"中
所谓"道心"和"人心"的区别。按照儒家的道统观念，一代一代的圣人
之间"以心传心"就是道心的传承。但是这里并不是说圣人不死，而是道
心不灭；而道心之不灭，也不是说存在着一颗超验的心或灵魂不灭，不过是
"人同此心，心同此理"的意思，亦即陆九渊所说的"千百世之上，至千百
世之下，有圣人出焉，此心此理亦莫不同也"③。

　　心性当然是"内在"的，即是内在的超越性实在。但"天"却似乎是
"外在"的东西？或者按照李申先生的观点，就应当说，"知天"就是"信
仰上帝"、"事天"就是"侍奉上帝"？这样去讲，儒家似乎同时采取了
"心"与"天"两个超越目标、亦即同时设定了两个超越性实在？这是可能
的吗？这里的问题在于，圣与天是什么关系？或者说，心性与天是什么关
系？正是在这个问题上，人们对儒学有种种误读，这种误读的基本原因，就
是一上来就采取了西方那种主、客二分的认知模式。根据这种模式，心与天
当然就是内与外的区别了。但在儒学，事情恰恰相反：心与天并不是两个东
西，而是直接同一的。现今常见的说法"天人合一"其实是不确切的，准

─────────────

① 《孟子·万章下》。
② 《孟子·尽心上》。
③ 《年谱》卷36。

确的说法应是"天人同一"。犹如黑格尔哲学的前提预设是"思维和存在的直接同一性",儒家哲学的预设前提则是心与天的直接同一性。这也就是孟子所谓"万物皆备于我"的意思①。天人同一乃是本原的状态,"天人,一也"②;人之蔽于天人二分之后,悟得天人本一,乃求"天人之际,合而为一"③。所以王夫之明确说:"人心即天。"④ 张载的说法:"天地之塞,吾其体;天地之帅,吾其性。"⑤ 故二程指出:"天人本无二,不必言'合'。"⑥

李申先生一派的一个重要论点,就是认为"儒教"在宋明理学中最终成熟了,所以,我们这里不妨看看宋明儒家怎样谈"天"谈"理"。先看陆王心学。心学是"先立乎其大者"(心)的,心即一切、包括天理。陆九渊说:"宇宙便是吾心,吾心即是宇宙"⑦;"人皆有是心,心皆具是理,心即理也"⑧;"此心此理,实不容有二"⑨; "心外无物,心外无事,心外无理"⑩。王阳明说:"心即天,言心则天地万物皆举矣"⑪;"工夫不离本体,本体原无内外";"我的灵明便是天地鬼神的主宰……天地鬼神万物没有我的灵明,便没有天地鬼神万物了";"天地万物俱在我良知的发用流行中,何尝又有一物超于良知之外能作得障碍"⑫。关于心学以心与天为一,看来不致引起歧义。

那么再看通常以为跟心学相对立的程朱理学又如何说。二程说:"只心便是天,尽之便知性,知性便知天","更不可外求"⑬;"天者理也"⑭,"性

---

① 《孟子·公孙丑上》。
② 《春秋繁露·阴阳义》。
③ 《深察名号》。
④ 《正蒙注·太和篇》。
⑤ 《西铭》。
⑥ 《遗书》卷6。
⑦ 《杂说》。
⑧ 《与李宰》。
⑨ 《与曾斋之》。
⑩ 《与王纯甫书二》。
⑪ 《答季德明书》。
⑫ 《传习录下》。
⑬ 《遗书》卷2上。
⑭ 《遗书》卷11。

即是理，理则自尧舜至于途人，一也"①；"理也，性也，命也，三者未尝有异"②；"性之本谓之命，性之自然者谓之天，性之有形者谓之心，性之有动者谓之情，凡此数者皆一也。"③ 朱熹说："心包万理，万理具于一心"④；"心之全体，湛然虚明，万理具足"⑤；"道是在物之理，性是在己之理；然物之理都在我此理之中"⑥。朱子著名的《补大学格物致知传》通常被人误解，以为是析心、物为二，其实他讲的"一旦豁然贯通……而吾心之全体大用无不明"已经说明了心为体、物为用、本来是一的意思。理学与心学的对立并不在存在论层面上，而在功夫论层面上：如何回复心、理同一的境界，两派采取的具体途径不同；虽然不同，到底还是殊途同归的。可见宋儒所讲的"天德"与"良知"、或者常言所说的"天理"与"良心"，都不是二分的，而是一上来就是直接同一的。我以为，这就是准确把握儒家哲学的一大关键所在，否则总是隔靴搔痒、言不及义的说法。

"天"既与心或性同一，它就不可能是"上帝"那样的外在的具有神的"位格"性的超越性实体。天之非外在性，已如上述；天之非"位格"性，也是儒家的一种基本认识。孔子讲"天命"，《中庸》讲"天命之谓性"，我们不妨看看唐宋诸儒的解释。孔颖达作《中庸》正义，特意指出："天本无体，亦无言语之命，但人感自然而生，有贤愚吉凶，若天之付命，遣使之然，故云'天命'。"程颢也说："言天之自然者，谓之天道；言天之付与万物者，谓之天命。"⑦ 朱熹也说："天以阴阳五行化生万物，气以成形，而理亦赋焉，犹命令也。"⑧ 此之谓"若"、此之谓"犹"，不过譬喻而已。简单说来，儒家之所谓"天"决无神的"位格"，如上所述；不过，儒家之"天"有时具有人的"人格"特点，这又如何理解？人们老是揪住儒学中关于"天"的论说往往有人格性这点不放，以为这就抓住了儒学之为宗教的

---

① 《遗书》卷18。
② 《语录》。
③ 《遗书》卷25。
④ 《语类》卷9。
⑤ 《遗书》卷5。
⑥ 《语类》卷100。
⑦ 《遗书》卷11。
⑧ 《四书集注·中庸》。

把柄，殊不知这也是因为他们不能理解上述那种"天人同一"的儒学基本精神。在儒学里，"天"之所以有时带有人格的意味，有时具有情感、意志，恰恰因为它就是人的心性，而人的心性当然是有情感、意志的，是有人格的。但这人格、情感、意志不是属于某种外在实体的，而就是人自己内在的东西。

如此说来，同一的心与天不就是既内在、又超越的了吗？儒家这不就是"内在超越"了吗？诚然！我以为，可以说儒学是内在超越的，但不能说这就是儒学的特色所在。事实上，中外许多哲学和宗教都是如此的。

中国的，例如道家、道教。"道"一般被理解为外在于人的东西，这其实是对道家道教哲学的一种误读。"道"就在人的心里，犹如儒家之"天"就在人的心里，所以老子才说："不出户，知天下；不窥牖，见天道"①，主张"玄览"②，其实就是反观其心（自然之心）。"玄览"帛书作"玄鉴"，亦是反观其心，故《淮南子·修务训》说："清明之士，执玄鉴于心，照物明白。"老子又说："塞其兑，闭其门；挫其锐，解其纷；和其光，同其尘。是谓玄同"③，"玄同"就是与道直接同一，不分内外彼此。道家所谓"自然"不是外在的 nature，而是内在的"自己如此"。心与道本来是直接同一的，未有天人之分，即庄子讲的"圣人未始有天、未始有人"④，是谓自然状态的"玄同"，"天地与我并生，而万物与我为一"⑤。而人失其本心或者自然之心以后，通过观道、悟道，重新得道于心，是谓"玄德"，老子说："知常稽式，是谓玄德"⑥；庄子说："与天地为合，其合缗缗，若愚若昏，是谓玄德。"⑦ 这种求道途径不是外向的寻求，而是内向的"致虚极，守静笃"⑧。由此可见，道家之"道"作为超越性实在，也既是超越的，又是内在的。

---

① 《老子》47 章。
② 《老子》10 章。
③ 《老子》56 章。
④ 《则阳》。
⑤ 《齐物论》。
⑥ 《老子》65 章。
⑦ 《庄子·天地》。
⑧ 《老子》16 章。

西方的，彻底经验主义哲学、先验理性主义哲学及某些非理性主义哲学都是内在超越的。彻底经验主义哲学，如休谟（Hume）、贝克莱（Berkeley），乃是一种内在超越的哲学：其超越性在于，它超越了物质实在；其内在性在于，它设定的作为原初所与的"感知"经验，显然乃是内在于人的东西。先验理性主义哲学更是内在超越的，如现象学家胡塞尔（Husserl），坚决反对任何外在的"超验实体"的设定，因而其所设定的"纯粹先验意识"便是内在的，所以又叫"纯粹自我意识"，"存在的意义，客观世界，都是在自我这个第一性的意识世界的基础上形成的"①；但是同时，"……这个世界（包括他人），按其经验意义说来，它们并非是我私人的综合组成的，而是作为不仅对我自己、而且对每一个别人都是存在着的、每一个别人都能理解的一种主体间的世界而加以经验的"②，因而"纯粹先验意识"也是一种超越的实在（他所谓"先验的"所用的正是 tranzcendental 这个词）。某些非理性主义哲学，例如柏格森（Bergson）的生命哲学，也是内在超越的：生命之流的绵延（duration）既是"世界的本质"，即是超越的存在；又是内在的生命冲动（vital impetus），他明确称之为"自我"、"内在的生命"。③ 在这点上，意志主义哲学亦然。

综合上述，我的结论是：儒学有宗教性，但并不是宗教；儒学是内在超越的，但这种内在超越性并不是儒学所特有的。

---

① 《笛卡儿沉思录》1977 年英文版，第 61 页。转自夏基松《现代西方哲学教程》，上海人民出版社 1985 年版，第 316 页。

② 《笛卡儿沉思录》1977 年英文版，第 91 页。转引自夏基松《现代西方哲学教程》，上海人民出版社 1985 年版，第 317 页。

③ 《形而上学导言》，商务印书馆 1963 年版，第 68 页。

二、儒教问题与当代 "儒教" 评论

首届全国儒教问题研讨会上的
主持语与发言[①]

第一场

黄玉顺：各位：今天下午的第一场研讨会，现在开始。这一场是由霍韬晦教授来讲。他的题目是：我的儒学道路。现在欢迎霍教授发言。

霍韬晦：（发言从略）

黄玉顺：谢谢霍教授。

霍教授讲到了很多很多的问题，诸如政治、经济、文化、教育、家庭等等，方方面面。他实际上还有很多想说的话，但因为时间有限，不能再讲了，已经讲了40分钟了。

在讲的过程中，他提出了自己的很多观点、看法。涉及的问题太多了，我仅就我个人的体会，谈谈我个人觉得印象比较深的这么几点：

首先，他一上来就谈到对前辈、对现代新儒家的评价问题。这确实是值得讨论的问题，因为我们知道：这次会议的主题——"儒教"问题，恰恰就是现代新儒家、特别是第二代提出来的，包括牟宗三先生的观点，涉及如何认识"儒教"或"儒家的宗教性"的问题。我觉得，这也是此次会议的

① 这是由中国社科院儒教研究中心主办的、于2005年12月在广东从化召开的首届全国儒教问题研讨会。第二天下午的第一场会议由我主持；第二场会议我作了一个发言。

题中应有之义。

然后，霍教授基本上是在这种基础上，谈了他的这么一种观点，就是对中西之间的文化作了一种对峙性的比较。为此，他首先对西方文化和中国文化做了一个本质性的判定，分别叫做"权利文化"与"性情文化"。这么一个判定，我觉得也是很值得讨论的。比如，西方文化是不是就可以归结为"权利文化"？中国文化、儒教文化是不是就可以归结为"性情文化"？这些都是值得讨论的问题。

第三个问题，我觉得比较重要的，是霍教授对西方的文化传统，特别是那些与自由主义的核心理念、与现代性有关的基本观念，提出了自己的质疑：诸如"权利"、"民主"、"自由"，这些观念是不是具有普遍价值？或者仅仅是某一种特殊文化的产物？霍教授对此有自己的一些看法和提法，比如，他说："自由世界越来越不自由"，"价值的平面化"，等等。他有很多的这类提法，这些都是很值得讨论的话题。在座的自由主义的朋友，也可以由此来反问：儒教文化是不是具有普遍价值？或者仅仅是某一种特殊文化的产物？这样就可以在观念上做一种对应。

第四个问题，是我们这两天在会议上没有听到的一个角度，"后现代"的角度。霍教授谈道：宗教的问题，在今天的后现代状况下，我们应当怎么去看待？我注意到，霍教授对后现代状况做了正反两方面的评价。正面的评价是从肯定的角度来说的，他认为，后现代主义对西方的理性主义传统、科学主义传统进行了一种解构和批判。这是他对后现代主义的肯定性的评论。但是，他还有一种评论，就是对后现代状况所导致的消费社会的"价值失落"、"生命失落"等等的批评。这是负面的评论。关于"消费社会"的问题，哲学界谈得不是太多。据我了解——我对这方面的情况是比较熟悉的，对"消费社会"问题，文艺理论界的一些朋友谈得比较多。他们是专门研究后现代的，"消费社会"是他们的一个基本概念，他们在谈今天的社会状况时，基本的概念就是"消费社会"，认为"消费社会"在今天就是一个符号化的文本，等等。我想，我们今天来探讨"儒教"问题，霍教授所谈到的后现代问题确实是一个很重要的问题，而这恰恰又是我们的会议在此之前还没有涉及的一个问题。

最后还有一个问题，我个人觉得印象比较深。今天上午，秋风先生也谈到这么一个问题，他的观点是：宗教信仰完全是个人的事情。这是"个人化"的问题，或者叫做"个体主义"的问题，individualism 的问题。我们知道，个体主义也是自由主义的基本观念之一。但是，仅仅凭借个体主义的观念，就足以理解现代性的历史与现实吗？本来，今天上午我就想就这个问题谈谈自己的看法，但是主持人老是没有看到我举手，我觉得非常的郁闷！这会儿的时间太短，我只好仅仅把这个问题提出来，我希望这个问题可以继续讨论。我们对今天的现代性社会的理解，包括对自由主义本身的理解、对西方民主主义宪政架构的理解，是不是可以简单地就归结为个体主义的原则？这是很大的问题。我个人的观点是这样的：我们今天要理解近现代以来的历史，不仅是中国的历史，而且是全世界的历史，有一个重要的维度，就是集体性、民族性的维度。我有这么一个命题：民族性乃是现代性的一个基本涵项。我可以更通俗地表达：我们要理解近现代的历史，有一个东西是不能忽略的，那就是民族性。这是我在这里没有时间展开的观点，但也希望我们就此有些讨论。谢谢！

下面，我们开始进入讨论，就霍教授的发言进行讨论。

（讨论从略）

第二场

陈明：（发言从略）

（以上讨论从略）

黄玉顺：陈明和蒋庆是两种思路，各自都是有他的道理的，但我觉得也都存在着问题。

简单来说，我是在想这么一个问题：儒家有很多的祭祀，有很多的礼仪，其中有几种礼仪是尤其重要的。而对于今天的中国人来讲，其中又有两种礼仪是非常契合的，那本来是儒家向来特别重视的两种礼，即：婚礼和丧礼。这确实是非常重要的礼仪。我想，儒教成功或不成功，今天是有某种天然的指标的，是一种很自然的指标。比如，你设想，有一对青年男女谈恋爱，然后他们说："咱们结婚吧！"他们第一个想到的不是到教堂或是到别的任何地方去；他们不假思索地第一个想到的，就是到文庙去，到孔庙去。——那么，儒教就成功了。这是一个天然的指标。再比如说，家里死了人，要进行"临终关怀"，第一个念头想到的，不是去殡仪馆或者基督教会，而是首先想到跟儒教有关的某个机构。——那么，儒教就成功了。儒家是有自己的"临终关怀"的，儒家从一开始就在从事这种事情。这是天然的指标，你不能不考虑这个维度。

所以，陈明的"即用建体"是有道理的。在今天，你要复兴儒教，你就不能不考虑这个维度，"即用"的维度。儒家一向的观念，不离百姓日用常行。脱离了老百姓的"用"，哪还有什么"体"？

不过，我对陈明的"即用见体"还是很担心的：你如何迎合这种需要？在这种迎合中，你怎么能保证你所"见"的就是儒家的"体"？你如何能保证你建立的就是儒教、而不是一般的礼仪公司？这是"即用见体"面临的一个严峻的问题。

蒋庆的那个想法，我给它另外起一个名称，可以叫做"明体达用"。（蒋庆插话：对，对。）"明体达用"也是儒家固有的一种表达方式。但是，蒋庆的"明体达用"仍然存在着问题。已经有人提出过质疑：你所"明"的那个"体"，谁说了算？谁说出来的那个"体"才是真正的儒家的"体"？谁说的才是正确的？谁来判断？

蒋庆：圣贤。

黄玉顺：圣贤？可是，这在今天是一个解释学的常识：圣贤的话是写在经典文本里的，而一百个人就有一百种不同的解释，各自都有不同的依据。那么，难道你蒋庆说的才是那个"体"，别人说的就不是那个"体"吗？这是很难判断的。

不仅如此，在我看来，你就算"明"了这么一个"体"，然后去"达用"，把它贯彻到生活中去，仍然可能面临一些困境：老百姓不买你的账，怎么办？你尽管把它搞得非常的宏伟，非常的神圣，非常的漂亮，可是老百姓不买你的账，你也是没有办法的。比如我刚才说的，老百姓要办婚礼、丧礼，他就不选择儒教，你有什么办法？

所以，我的总的看法，你们两位，不管是"即用见体"、还是"明体达用"，可能都还是存在着问题的。这里的关键问题在于：某种更加深层的观念层级，你们还没有触及，还需要思考。这是我对你们两位的建议。

（以下讨论从略）

第三场

作为宗教的儒教何以可能？

——对儒家"教"观念的考察

（发言纲要）

"教"是儒家的一个非常重要的观念。但儒家所谓"教"、包括所谓"儒教"，本来并不等于今天所谓"宗教"（religion）。虽然如此，在今天，宗教化的"儒教"也可以作为儒家之教的题中之义来予以讨论，因为儒家毕竟也带有某种"宗教性"（religiousness）。所以，"作为宗教的儒教"也可以隶属于"儒教"这个话题。不过，本文讨论"作为宗教的儒教"，意在引入"儒教"的一种更为广阔的视域：对儒家"教"观念的考察。

一般说来，"儒教"问题所涉及的是儒家的这样五个基本的观念：信、诚、畏、言、教。简单来说：教出自信，信源于诚，诚信则畏，诚信在言，以言为教。

同时，"儒教"问题涉及这样三个基本的观念层级：形而下存在者，形而上存在者，本源存在。形而下存在者由形而上存在者奠基，而所有存在者则都由存在给出。生活即是存在；仁爱情感乃是存在的自己显现。[1]

根据这样两个维度，我们就可以为作为宗教的"儒教"定位：

观念序列 观念层级	信	诚	畏	言	教
形下在者	有所信人	道德要求	有所畏威权	平常言谈 导向沉沦	礼教：德教

---

[1]　参见黄玉顺《生活儒学导论》，《原道》第十辑，北京大学出版社 2005 年版。

续表

观念层级＼观念序列		信	诚	畏	言	教
形上在者	信仰	有所信神	神圣意志	有所畏天谴	神学布道 指向上帝	神教
	义理	有所信天性	性体情用	有所畏天理	哲学论理 指称天理	理教
本源存在		无所信无物	情感显现	无所畏不忍	情感表达 通达天命	诗教：情教

作为宗教的"儒教"，仅仅关乎表中"神教"这样一个观念层级：对于形而上者的信仰。

一、教出自信

宗教首先是一种信仰；作为宗教的儒教，首先涉及的就是信仰问题。宗教信仰与儒家"信"的观念有密切关系："信"虽然不等于宗教信仰，但宗教信仰一定是一种"信"。

1. 形下之信：人际的"相信"——"人伦"问题

孔颖达说："于文，人言为信。"①

孔子如何行教？《论语》："子以四教：文行忠信。"邢昺疏："人言不欺谓之信。"②

2. 形上之信：超越的"相信"——"预设"问题

荀子："君子以为文，百姓以为神。"③

（1）作为信仰：宗教意义上的神

---

① 《毛诗正义·小雅·皇皇者华》。
② 《论语·述而》。
③ 《荀子·天论》。原文："日月食而救之，天旱而雩，卜筮然后决大事，非以为得求也，以文之也。故君子以为文，而百姓以为神。以为文则吉，以为神则凶也。"

《管子》："泽命不渝，信也。"①

（2）作为义理：哲学意义上的原初给予者（the primordial self-given）

孟子："有诸己之谓信"；"万物皆备于我矣"。②《中庸》："天命之谓性。"

3. 本源之信：原初的"相信"——真诚的仁爱情感

王国维说："哲学上之说，大都可爱者不可信，可信者不可爱"；"知其可信而不能爱，觉其可爱而不能信"。③

（1）不信之信

孟子说："大人者，言不必信，行不必果，惟义所在。"④ 孔子说："君子之于天下也，无适也，无莫也，义之与比。"故有子说："信近于义。"孔子又说："君子义以为质，礼以行之，孙以出之，信以成之。"⑤

（2）不施之欲

《论语》："子贡问曰：'有一言而可以终身行之者乎？'子曰：'其"恕"乎！己所不欲，勿施于人。'"⑥ 作为道德原则，渊源何在？如下：

（3）不忍之情

朱熹："信，谓诚意恻怛，而人信之也。"⑦ 诚意恻怛，即是真诚仁爱。

二、信源于诚

本源之信，源于真诚之情。我们"诚信"连言，乃是因为信源于诚：诚→信。

---

① 《管子·小问》。
② 《孟子·尽心下》、《尽心上》。
③ 王国维：《文集续编·自序二》。
④ 《孟子·离娄下》。
⑤ 《论语·里仁》、《学而》、《卫灵公》。
⑥ 《论语·卫灵公》。
⑦ 朱熹：《论语集注·子张》。

1. 形下之诚：道德要求——知识根据

（1）人道由思诚而诚之

《孟子》："思诚者，人之道也。"① 《国语·周语下》："思身能信。"韦昭注："思诚其身，乃为信也。"

《中庸》："诚之者，人之道也。"

（2）诚之即是成之

《中庸》："诚者非自成己而已也，所以成物也。成己，仁也；成物，知也。"

2. 形上之诚：性体情用——安身立命

《中庸》《孟子》："诚者，天之道也。"《中庸》："不诚无物。"

（1）作为信仰：人格化的天道

《尚书·大禹谟》说："至诚感神。"

董仲舒"天人感应"论："天亦有喜怒之气，哀乐之心，与人相副，以类合之，天人一也。"②

（2）作为义理：心性化的天道

《中庸》："喜怒哀乐之未发，谓之中；发而皆中节，谓之和。中也者，天下之大本也；和也者，天下之达道也。"

朱熹："诚者，理之在我者，皆实而无伪，天道之本然也。"③

3. 本源之诚：原初的情感显现

三、诚信则畏

畏指敬畏，与畏惧或惧怕有关系，但也有区别。

---

① 《孟子·离娄上》。
② 《春秋繁露·阴阳义》。
③ 朱熹：《孟子集注·离娄上》。

1. 形下之畏：有所畏——威力、威权

许慎《说文解字》："畏，恶也。从甶（读弗）、虎省。鬼头而虎爪，可畏也。"许慎的解释，"鬼头"说对了一半，而"虎爪"却根本不对。从甲骨文的字形来看，"畏"是个会意字，右边是"鬼"，左边是这个鬼所执的棍棒之类的东西。所以，"畏"的本义是畏惧、恐惧的意思。《左传·文公十七年》有"畏首畏尾"的说法。

《论语》："子畏于匡，曰：'文王既没，文不在兹乎？天之将丧斯文也，后死者不得与于斯文也；天之未丧斯文也，匡人其如予何？'"朱子解释说："畏者，有戒心之谓。"①

2. 形上之畏：有所畏——尊严、神圣

"畏"字还引申出"敬服"的意思。成语"后生可畏"就是这种用法。《左传·襄公三十一年》："其下畏而爱之。"这个意义的"畏"，也叫做"敬畏"。孔子说："君子有三畏：畏天命，畏大人，畏圣人之言。"皇侃疏："心服曰畏。"② 这里的"畏"就不是畏惧、惧怕的意思，而是敬服、敬畏。

（1）作为信仰：天谴

董仲舒说："国家之失乃始萌芽，而天出灾害以谴告之；谴告之而不知变，乃见怪异以惊骇之；惊骇之尚不知畏恐，其殃咎乃至。"③

（2）作为义理：天理良心

3. 本源之畏：无所畏——情感——不忍之心

孔子讲的"君子有三畏"，有其更为本源的意义。孔子说："知者不惑，仁者不忧，勇者不惧。"④ 因此，"三畏"不是三种畏惧。之所以"畏大人（亦即圣人）"，是因为"畏圣人之言"；之所以"畏圣人之言"，是因为"畏天命"。所谓"天命"，在本源意义上，就是存在的自己言说：

① 朱熹：《论语集注·子罕》。
② 皇侃：《论语义疏·季氏》。
③ 《春秋繁露·必仁且知》。
④ 《论语·子罕》。

孔子："天何言哉？四时行焉，百物生焉，天何言哉？"①

两种害怕：畏惧的害怕（害怕惩罚自己）；不忍的害怕（害怕伤害别人）。

四、诚信在言

之所以"诚信在言"，是因为"信"乃"人言"，而人言乃是由天命"言成"（诚）。

1. 形下之言：有所指——常人之言——言之有物——言谈

《周易·家人象传》："君子以言有物而行有恒。"
语言科学、语言哲学的"语言""符号"观念就是如此。
海德格尔：言谈（闲言）——沉沦
孔子："群居终日，言不及义，好行小慧，难矣哉！"②

2. 形上之言：有所指——圣人之言——言之有物

西方中世纪神学家的问题：信仰了才能理解？理解了才能信仰？
（1）作为信仰：布道——神学之言——指向上帝
（2）作为义理：讲理——哲学之言——指称天理

3. 本源之言：无所指——情感之言——言之无物——情语、诗歌

诚由言成。《周易·乾文言》："修辞立其诚。"《韩诗外传》卷四："诚者，德之主也，言之所聚也。"
王国维《人间词话》说："有有我之境，有无我之境"；"无我之境，不知何者为我，何者为物"；"一切景语皆情语也"。

---

① 《论语·阳货》。
② 《论语·卫灵公》。

五、以言为教

1. 形下之教

（1）性与教

《中庸》："自诚明，谓之性；自明诚，谓之教。诚则明矣，明则诚矣。"

（2）教与化

①刑教

韩非："明主之国，无书简之文，以法为教；无先王之语，以吏为师。"①

②政教—礼教—德教

孔子："政者，正也。子帅以正，孰敢不正？"②

孔子："道之以政，齐之以刑，民免而无耻；道之以德，齐之以礼，有耻且格。"③

（3）言教与身教

孔子："为政以德，譬如北辰，居其所而众星共之。"④

2. 形上之教

（1）作为信仰：神教

《周易》："观天之神道，而四时不忒；圣人以神道设教，而天下服矣。"⑤

（2）作为义理：理教

---

① 《韩非子·五蠹》。

② 《论语·颜渊》。

③ 《论语·为政》。

④ 《论语·为政》。

⑤ 《周易·观象传》。此"神道"原非宗教神学意义，而是说的"一阴一阳之谓道"、"阴阳不测之谓神"。但后世也有将其作神学化理解的。

3. 本源之教：诗教——情教

（1）诗教为首

《礼记》："孔子曰：'入其国，其教可知也：其为人也，温柔敦厚，《诗》教也；疏通知远，《书》教也；广博易良，《乐》教也；洁净精微，《易》教也；恭俭庄敬，《礼》教也；属辞比事，《春秋》教也。'"①

（2）诗先于礼

《论语》："子夏问曰：'"巧笑倩兮，美目盼兮，素以为绚兮"，何谓也？'子曰：'绘事后素。'曰：'礼后乎？'子曰：'起予者商也，始可与言《诗》已矣！'"②

（3）诗可以兴

孔子："诗，可以兴，可以观，可以群，可以怨；迩之事父，远之事君；多识于鸟兽草木之名。"③

孔子："兴于诗，立于礼，成于乐。"④

孟子："仁言，不如仁声之入人深也。善政，不如善教之得民也。善政民畏之；善教民爱之。善政得民财；善教得民心。"⑤

（4）读经：读诗——吟诗——唱诗

---

① 《礼记·经解》。
② 《论语·八佾》。
③ 《论语·阳货》。
④ 《论语·泰伯》。
⑤ 《孟子·尽心上》。

儒教与形而上学问题

——对鞠曦、陈明、蒋庆的评论①

最近，"儒教"问题忽然热闹起来。2005 年 12 月，由中国社会科学院儒教研究中心举办的第一届全国儒教学术研讨会在广东从化召开，陈明和蒋庆都在会议上提出了自己的儒教主张。不久，鞠曦在网上对陈明的儒教主张提出了激烈的批评；与此相关，我那个帖子《鞠曦与陈明讨论之要害何在》② 最近义被顶上米了。看来，虽然我曾发过《陈明"即用见体"何以成立》③ 的帖子加以分析，但是，前帖涉及的问题依然存在，我应该对有关的问题作一个正面的交代。

一

那是我在 2004 年 6 月所发的一个帖子了，原文如下：

"'即用见体'虽然拒斥形而上学，但是，这一'新的思想理论'的完善与否恰恰取决于新形而上学。"——鞠兄此语其为精辟！你何不

① 原载《恒道》第四辑，吉林文史出版社 2006 年版；收入黄玉顺：《儒学与生活——"生活儒学"论稿》，四川大学出版社 2008 年版。
② 儒学联合论坛：www. yuandao. com。
③ 儒学联合论坛：www. yuandao. com。

再说得透彻一些：究竟什么是陈明兄的"新形而上学"？他的"本体论承诺"究竟是什么？他是否真可能逃避形而上学？

那个帖子，本是针对鞠曦评论陈明的一句话而发的问。鞠曦与陈明在"儒学联合论坛"上已经数度激烈交锋，虽然双方难免意气，但我那个帖子却与此意气无关。帖子涉及的是一个很严肃的学术问题：陈明的"即用见体"的形而上学预设何在？

其实，"形而上学"并不是一个贬义词。没有谁是可以逃避形而上学的。譬如目前的"儒教"话语，就是一种形而上学。——我这次出席儒教研讨会，强烈地感受到了这一点。这次与会的自由主义者，同样有他们的形而上学承诺。就我本人的"生活儒学"来说，对形而上学的解构也意味着对形而上学的重建。① 其实，鞠曦自己，仍然有他的形而上学"承诺"。就是陈明的"即用见体"，那个"体"显然也仍然是形而上学的预设。"体用"、"本末"、"道器"这些范畴，本来就是形而上学的话语。蒋庆的一套观念建构，更是一种典型的形而上学"宏大叙事"。《易》曰："形而上者谓之道，形而下者谓之器。"② 道者，体也；器者，用也。这虽然是中国文化中所固有的话语，然而其所揭示的却是一种普遍的道理：假如没有形而上学的奠基，那形而下的伦理学、知识论何以可能？在这个问题上，实证主义、后现代主义都一派糊涂。20 世纪的前沿思想观念的真正意义在于：经解构而重建的形而上学，不应该是无本之木、无源之水，而应该是有本有源的。

所以，问题在于：我们要建构的是怎样的一种形而上学？

在这个意义上，鞠曦试图揭示陈明的"即用见体"的某种形而上学"承诺"，这是一个完全正当的理论意图。至于他的评论是不是切中要害，那是另外的问题，当然也是可以、而且应该讨论的。

鞠曦向来对陈明的评议以及最近对蒋庆的评议，有他自己的理路及其观念背景，我在这里不作评论。我在这里只想说一点：鞠曦及其"长白山派"，也在进行着很有意义的探索。一方面，他们一直在进行着严肃的理论

---

① 黄玉顺：《生活儒学导论》，《原道》第十辑，北京大学出版社 2005 年版。
② 《周易·系辞上传》：《十三经注疏》本，中华书局 1980 年影印本。

思考，进行着义理的、哲理的探讨；另外一方面，他们也在进行着实践的、躬行的工作，比如说目前已经启动的长白山书院的活动。鞠曦为此付出了艰苦的努力，这些都是应该予以充分肯定的。

至于陈明的"即用见体"，我已经多次表明过，我的基本看法是：一方面，那个形而上的"体"究竟如何，目前尚不明朗；而另一方面，"即用见体"这个提法毕竟释放了极大的阐释空间，也是很有意义的。陈明正在努力填充这个空间，尽管在观念上可能遭遇一些困难。有人认为，"即用见体"只是一种实用主义、乃至机会主义。这个判断固然不无一定的道理，但问题可能并不是这么简单。不要忘记一点："即用见体"本身蕴涵着一个主词、一个主体：中国人的民族主体性。有了这个主体性，"实用主义"、"机会主义"就有了截然不同的意味。这就是陈明思考全部问题的出发点。其实，这也是目前的儒学复兴运动中所有的儒者的共同底线。

惟其如此，这个出发点，这个主体性，才是全部问题的关键所在。然而按照当代思想前沿应有的问法，我们可以发问：这样的主体性存在者，本身又是何以可能的？

二

因此，在这次儒教会议的讨论中，我对陈明和蒋庆作了一次比较批评：

> 黄玉顺：陈明和蒋庆是两种思路，各自都是有他的道理的，但我觉得也都存在着问题。

> 简单来说，我是在想这么一个问题：儒家有很多的祭祀，有很多的礼仪，其中有几种礼仪是尤其重要的。而对于今天的中国人来讲，其中又有两种礼仪是非常契合的，那本来是儒家向来特别重视的两种礼，即：婚礼和丧礼。这确实是非常重要的礼仪。我想，儒教成功或不成功，今天是有某种天然的指标的，是一种很自然的指标。比如，你设想，有一对青年男女谈恋爱，然后他们说："咱们结婚吧！"他们第一个想到的不是到教堂或是到别的任何地方去；他们不假思索地第一个想到的，就是到文庙去，到孔庙去。——那么，儒教就成功了。这是一个

天然的指标。再比如说，家里死了人，要进行"临终关怀"，第一个念头想到的，不是去殡仪馆或者基督教会，而是首先想到跟儒教有关的某个机构。——那么，儒教就成功了。儒家是有自己的"临终关怀"的，儒家从一开始就在从事这种事情。这是天然的指标，你不能不考虑这个维度。

所以，陈明的"即用见体"是有道理的。在今天，你要复兴儒教，你就不能不考虑这个维度，"即用"的维度。儒家一向的观念，不离百姓日用常行。脱离了老百姓的"用"，哪还有什么"体"？

不过，我对陈明的"即用见体"还是很担心的：你如何迎合这种需要？在这种迎合中，你怎么能保证你所"见"的就是儒家的"体"？你如何能保证你建立的就是儒教、而不是一般的礼仪公司？这是"即用见体"面临的一个严峻的问题。

蒋庆的那个想法，我给它另外起一个名称，可以叫做"明体达用"。（蒋庆插话：对，对。）"明体达用"也是儒家固有的一种表达方式。但是，蒋庆的"明体达用"仍然存在着问题。已经有人提出过质疑：你所"明"的那个"体"，谁说了算？谁说出来的那个"体"才是真正的儒家的"体"？谁说的才是正确的？谁来判断？

蒋庆：圣贤。

黄玉顺：圣贤？可是，这在今天是一个解释学的常识：圣贤的话是写在经典文本里的，而一百个人就有一百种不同的解释，各自都有不同的依据。那么，难道你蒋庆说的才是那个"体"，别人说的就不是那个"体"吗？这是很难判断的。

不仅如此，在我看来，你就算"明"了这么一个"体"，然后去"达用"，把它贯彻到生活中去，仍然可能面临一些困境：老百姓不买你的账，怎么办？你尽管把它搞得非常的宏伟，非常的神圣，非常的漂亮，可是老百姓不买你的账，你也是没有办法的。比如我刚才说的，老百姓要办婚礼、丧礼，他就不选择儒教，你有什么办法？

所以，我的总的看法，你们两位，不管是"即用见体"、还是"明体达用"，可能都还是存在着问题的。这里的关键问题在于：某种更加深层的观念层级，你们还没有触及，还需要思考。这是我对你们两位的建议。

我所说的他们还没有触及的观念层级，是说的一种"前形而上学"的、为形而上学"奠基"的观念层级。我的看法是：真正彻底的思想方式在于阐明：这个先行的本体本身、主体本身，是如何被给出的？这就必须"复归生活"，回到中国人当下所置身其中的生活样式之中。这种生活样式，既内涵着历史文化传统的积淀，也内涵着现代性、全球性等等的因素。当代儒学的本质，乃是现代性诉求的民族性表达。而这一切源于我们当下的生活。借用庄子的话说，生活乃是"浑沌"①，而我们就是被这样的"浑沌"的生活样式生成的。我们首先在生活，然后才能去生活。只有这样彻底地思考，才能既避免自由主义西化派的倾向，也避免原教旨主义的倾向。

我对陈、蒋二位的批评，并不是要否定他们的工作的意义。恰恰相反，在我看来，他们各自的思路都是很有意义的。我一向认为，陈明的"即用见体"是极有意义的提法，超越了传统的"中体西用"、"西体中用"之类的观念，开辟出了很大的可能性。问题仅仅在于：如何阐明此"体"必定就是儒家之"体"？而蒋庆的"明体达用"，本来是儒家固有的观念，也是今日复兴儒学在观念建构上的一条必出之路。问题仅仅在于：如何才能"明体"？如何才能"达用"？事实上，我以为，"即用见体"和"明体达用"是一个问题的可以互补的两个方面。

何况，自从孔子之后"儒分为八"乃至于今，有哪一个时代，儒家是只有一个声音的？我们甚至可以说：儒家越是兴旺发达，声音也就越是丰富多彩。其实这也正是孔子倡导的一种态度："君子和而不同。"② 单一的声音，如何可能奏出盛大的交响乐章？

三

在"儒教"问题上，我们也应该有这种"和而不同"的态度。我眼下

---

① 《庄子·应帝王》：（清）王先谦《庄子集解》本，《诸子集成》本，中华书局1957年版。
② 《论语·子路》：《十三经注疏》本，中华书局1980年影印本。

正在写一篇关于"儒教"问题的文章，大意如下：

"儒教"当然是可以谈的。但切不可忘记：一定要把"儒教"和"作为宗教的儒教"严格区分开。今日谈"儒教"者，或多或少、或明或暗，几乎都是 religion 的观念，都是在回应西方的基督教。这也就是"作为宗教的儒教"。这种"作为宗教的儒教"当然也可以谈，但它远远不是"儒教"的全部。"儒"之为"教"，具有丰富的层级，各个层级还有不同的维度。就其层级来看，有形而上的儒教，有本源性的儒教。就形而上的儒教而言，它有义理（哲理）的形式，例如儒家的心性论；也有宗教的形式，例如儒家的祭祀论。就其不同的层级及其维度来看，"儒"之为"教"，《礼记·经解》里说得很明白：

> 孔子曰："入其国，其教可知也。其为人也：温柔敦厚，《诗》教也；疏通知远，《书》教也；广博易良，《乐》教也；洁净精微，《易》教也；恭俭庄敬，《礼》教也；属辞比事，《春秋》教也。故《诗》之失，愚；《书》之失，诬；《乐》之失，奢；《易》之失，贼；《礼》之失，烦；《春秋》之失，乱。其为人也：温柔敦厚而不愚，则深于《诗》者也；疏通知远而不诬，则深于《书》者也；广博易良而不奢，则深于《乐》者也；洁净精微而不贼，则深于《易》者也；恭俭庄敬而不烦，则深于《礼》者也；属辞比事而不乱，则深于《春秋》者也。"①

这里首先就是"诗教"。这也就是孔子所强调的"兴于诗"②。"兴于诗"的意义乃在于回答这样一个问题：究竟如何"先立乎其大者"③？这就回到了我刚才所提出的一个本源问题：主体性存在者本身何以可能？这个问题蕴涵了：中国人的民族主体性究竟是如何被确立起来的？那么，如何"先立乎其大者"呢？孔子的回答是：兴于诗。兴者，起也、立也。为什么

---

① 《礼记》：《十三经注疏》本，中华书局 1980 年影印本。

② 《论语·泰伯》。

③ 《孟子·告子上》：《十三经注疏》本，中华书局 1980 年影印本。

必须"兴于诗"？因为：真正的诗乃是本源性的生活情感的言说。"仁爱"这种情感，乃是先行于任何形而上学和形而下学的本源的事情，乃是生活的事情。所以，"兴于诗"犹言"兴于仁"①。意思是说：主体性是在仁爱中确立起来的，是在真诚的生活情感中确立起来的，是在生活中确立起来的，是在"诚"中确立起来的。所以《中庸》才说："不诚无物。"反之："诚者非自成己而已也，所以成物也。""成物"就是对象性的确立，"成己"则是主体性的确立。《中庸》还说："成己，仁也；成物，知也。"这就是说，"成己"、即主体性的确立，是"仁"的事情、生活情感的事情。

所以，谈到"儒教"，首先不能不谈"诗教"——"情教"。在孔子那里，诗教远非汉代诗学那种在形而上学基础上的形而下学的道德说教。孔子说过：

> 小子何莫学乎诗？诗，可以兴，可以观，可以群，可以怨；迩之事父，远之事君；多识于鸟兽草木之名。②

显然，孔子区分了两个层级、两个维度：首先是"兴观群怨"，是情感教育，可以谓之"情教"；然后才是"迩之事父，远之事君"，是形而下的伦理教育；最后才是"多识鸟兽草木之名"，是形而下的知识教育。

孔子之重诗教，首先重在情教，这是孔子"仁者爱人"的"仁学"思想的自然体现。所以，刑教、法教（所谓"法制教育"）不如德教，德教不如情教。至于"作为宗教的儒教"，也只有在"情教"的本源上才成立。例如，在丧礼中，仪式只是形式而已，真正的意义在于情感的显现。否则，在丧礼中请客吃饭，酗酒纵赌，卡拉 OK，不亦乐乎，那就正如孔子所说："临丧不哀，吾何以观之哉！"③ 因此，"作为宗教的儒教"，不仅既要"达用""即用"、又要"见体""明体"，而且尤其首先是要追本溯源。

所以，虽然"作为宗教的儒教"也是可以成立的，但是不可否认，它

---

① 《论语·泰伯》。
② 《论语·阳货》。
③ 《论语·八佾》。

仅仅是儒教在一个观念层级上的一种教化样式，诚如荀子所说："君子以为文，百姓以为神。"① 至于蒋庆把"儒教"界定为"文明体"，那是他自己对"儒教"这个词语的一种个人化的用法，所以他才会说"儒教在历史上先于儒家"。这实质上只是"道统"观念的另外一种表达方式，并不具有"约定俗成"的意义。荀子说："名无固宜，约之以命，约定俗成谓之宜，异于俗则谓之不宜。"②"儒教"在今天的约定俗成的用法只有这两种：广义的"儒教"，涉及形而下的层级、形而上的层级、本源的层级；狭义的"作为宗教的儒教"，只是形而上层级上的儒教的一种样式而已。

当然，这种"作为宗教的儒教"，在我看来也是可行的，甚至也是必要的：既然"百姓日用而不知"③、从而"以为神"，何妨"神道设教"？尤其对于中国当前的宗教形势来说，"作为宗教的儒教"具有重要的现实意义。

不过，《周易·观象传》论及"神道设教"，乃是基于一种更其本源的观念的："观：盥而不荐，有孚颙若。"这里的"观盥而不观荐"④ 是说：从本源的生活情感看，正式的祭祀仪式"荐"反倒不如正式祭祀之前的洗手"盥"可观，因为此时才是真正的情感显现"有孚颙若"——大大地诚信虔敬。这种诚信虔敬，乃出于爱。这跟孔子的想法完全一致：

　　禘，自既灌而往者，吾不欲观之矣。⑤

这也正是"观盥而不观荐"的意思。"禘"是一种祭祀，是上帝神和祖先神的合祭。然而孔子认为，这种祭祀仪式本身并不足观，足观者乃此前的事情，就是"慎终追远"⑥ 的情感，源于对祖先的爱。

所以，我们对"作为宗教的儒教"要有一种准确的定位，而不能忘记了儒家的真正的大本大源所在：作为真诚的生活情感的仁爱。

① 《荀子·天论》：王先谦《荀子集解》本，中华书局 1988 年版。
② 《荀子·正名》。
③ 《周易·系辞上传》。
④ 王弼《周易注》。
⑤ 《论语·八佾》。
⑥ 《论语·学而》。

三、儒教问题与
生活儒学

儒 教 论 纲

——儒家之仁爱、信仰、教化及宗教观念①

一

近些年来，儒教问题再度成为一个思想学术热点。这反映出了中国社会的一种精神需要、或者说是一种迫切的精神渴求。因此，儒教问题确为一个重大的时代课题。

然而对于"儒教"一词的实际所指，主要存在着两种不同的理解：一是指"儒家的宗教"（Confucian Religion）②；一是指"儒家的教化"（Confucian Enlightenment）③。但事实上，这样两种貌似对立的理解之间存在着某种关系：宗教固然是一种教化形式，但教化并不一定只能采取宗教的形式；作为宗教的儒教只是作为教化的儒教的一种形式，儒家的教化具有更为丰富的样态。一方面，应当承认，在儒家文化传统中确实是存在着宗教意

---

① 原载中国人民大学孔子研究院《儒学评论》第五辑，河北大学出版社 2009 年版。

② 持这种理解的人往往自觉或不自觉地受到西方宗教观念的影响或者某种暗示。

③ 这里将"教化"翻译为"enlightenment"（照亮、启蒙），意在敞显儒家教化的某种更其本源的意义。"启蒙"作为一种普遍的"照亮"，本来乃是荀子所说的"解蔽"（解除蒙蔽）的意思，这种蒙蔽包括形而上学的、形而下学的种种"蔽于一曲"的偏见。只要存在着形而上者与形而下者的区分及形而下者之间的种种区分，那就存在着偏曲、蒙蔽。因此，照亮"万物"、万象通明，其实就是"无物"。在儒家教化，这就是"万物一体之仁"。在这种意义上，欧洲"启蒙运动"作为对某种主体性的张扬，其实恰恰不是启蒙，而是一种蒙蔽或曰"遮蔽"。

的上帝的，因此，任继愈先生和李申教授那种视儒教为宗教的观点并非毫无根据（当然，他们对此的立场与态度则另当别论）①；但另一方面，儒家文化又确实从孔子始就存在着"不语怪、力、乱、神"②的传统，历代士大夫通常并不相信灵魂的不灭和彼岸的神祇，作为人格神的、位格性的上帝在儒家文化中确实并不具有特别根本的意义。众所周知，在儒家的观念中，本源的事情乃是仁爱。③

所以，问题乃在于如何透彻地理解并充分地阐明：儒家的仁爱原来究竟意味着怎样的事情？仁爱与信仰、包括宗教信仰之间到底是怎样的关系？仁爱有时是怎样显现为宗教性的上帝那样的形而上者的？除此之外，仁爱还有哪些显现样式？这些不同的显现样式各有着怎样的教化意义？

二

显然，信仰、包括宗教信仰乃是观念的事情，因此，我们首先需弄清楚观念的情形。④

我们的全部观念是由这样三个层级构成的：关于存在的观念和关于存在者（形而下存在者、形而上存在者）的观念。不论是从历时性的人类观念历史、或者个体观念发生的实情看，还是从共时性的、即与历史发生无关的观念存在的实情看，人们的观念层级之间的生成关系如下：存在→形而下存在者→形而上存在者；或表示为：生活感悟→形而下者→形而上者。⑤ 当我

① 任继愈著，张成水编：《任继愈学术论著自选集》，首都师范学院出版社 1991 年版；李申：《中国儒教史》上卷，上海人民出版社 1999 年版；下卷，2000 年版。

② 《论语·述而》，《十三经注疏·论语注疏》，中华书局 1980 年影印本。

③ 这里所说的"本源"乃是一种"合说"，不仅指作为形而下者之终极根据、"根本"的形而上者，而且指作为形而上者之渊源、"源泉"的存在。若"分说"之，那么，"本"指形而上者，亦即传统哲学所谓"本末"之"本"；而"源"指作为形而上者、形而下者之渊源的、更其初的存在。参见黄玉顺《生活儒学导论》，见《面向生活本身的儒学——黄玉顺"生活儒学"自选集》，四川大学出版社 2006 年版。

④ 关于"观念"，参见黄玉顺《爱与思——生活儒学的观念》附论一《汉语"观念"论》，四川大学出版社 2006 年版。

⑤ 《周易》，《十三经注疏·周易正义》，中华书局 1980 年影印本。其《系辞传》所说的"形而上者谓之道，形而下者谓之器"，其实就是在说形而上存在者、形而下存在者。

们从作为本源存在的生活感悟中"提升"或者说是"跌落"出来时，我们首先成为一个"形而下者"，然后才有可能成为一个"形而上者"。

因此，儒家所说的"仁爱"也在观念的三个层级中显现为截然不同的三种样态：（1）本源之仁，乃是原初的真切的生活情感的存在，这是存在的直接显现，是前存在者化、前对象化、前概念化的事情；仁爱之为所有一切的"大本大源"，乃是在这个层级上而言的；（2）形下之仁，则是被理解为道德情感、甚至道德原则的那种形而下者的存在，是某种相对主体性的事情；（3）形上之仁，又是更进一步被理解为本体之"性"、甚或类似"上帝之爱"的那种形而上者的存在，是某种绝对主体性的事情。惟其如此，"仁"是不可定义的（形而上者不可定义），乃至于是不可对象化地、有"所指"地加以言说的（本源存在不可如此言说）。

然而自从原创时代（轴心时代）开始建构形而上学以来，为了解释万物、亦即所有存在者何以可能，哲学思维颠倒了这种生成关系，而构造出了一种所谓"奠基关系"（Fundierung）[1]：传统形而上学用某个形而上者（例如"道之为物"）来为形而下者（"万物"）奠基；而现象学、如海德格尔则又用"存在"（Sein）来为"存在者"（Seiendes）、包括形而上存在者奠基。这种奠基关系就是：源始经验→形而上学→形而下学。然而"奠基"的概念完全是一种人为的"发明"，它与实际生活之中的观念生成关系、境界层级关系的实情是不符的。当然，也可以说这种奠基关系也是一种实情，因为原创时代以来的哲学史、观念史就是在做这样的事情，这个事实也是一种观念的实存；但是无论如何，更多的生活者并非哲学家，而是"常人"，他们关于形而下者的观念未必需要某个形而上者之奠基来加以保障，至少他们首先获得的乃是形而下者的观念，在这个意义上，20 世纪思想的解构形而上学不是没有道理的。

人们的境界观念却是自然而然地与观念的生成关系相一致的：脱离了最初的"自发境界"（例如孔子"十五志学"之前的"自然境界"）以后，我们首先达到形而下者的"功利境界"、"道德境界"（例如孔子"三十而立"之后），然后才有可能达到形而上者（神性形而上者、理性形而上者）的

---

① 胡塞尔著，倪梁康译：《逻辑研究》第二卷第一部分，上海译文出版社 1998 年版，第 285 页。

"天地境界"（例如孔子的"四十不惑"）。① 这两者都属于"自为境界"；最高的则是"自如境界"（例如孔子"五十知天命"之后），这是神学家、哲学家都未达到的境界，因为所谓"最高"境界，就是自觉地回到最初的真切的仁爱情感，此乃是对形而上学的超越。②

三

根据《论语》记载，孔子七次谈到"教"，但没有一次是在宗教意义上讲的：

（1）子适卫，冉有仆。子曰："庶矣哉！"冉有曰："既庶矣，又何加焉？"曰："富之。"曰："既富矣，又何加焉？"曰："教之。"③

（2）子曰："不教而杀，谓之虐；不戒视成，谓之暴；慢令致期，谓之贼；犹之与人也，出纳之吝，谓之有司。"④

（3）子曰："有教无类。"⑤

（4）子以四教：文、行、忠、信。⑥

（5）季康子问："使民敬、忠以劝，如之何？"子曰："临之以庄则敬，孝慈则忠，举善而教不能则劝。"⑦

（6）子曰："善人教民七年，亦可以即戎矣。"⑧

（7）子曰："以不教民战，是谓弃之。"⑨

前3条材料并未涉及所教的内容；后4条都有具体内容：文、行、忠、

---

① 这里的"自然境界"、"功利境界"、"道德境界"、"天地境界"说，是冯友兰先生的境界说。参见冯友兰《新原人·境界》，商务印书馆（上海）1946年版。

② 参见黄玉顺《爱与思——生活儒学的观念》第四讲《境界的观念》。

③ 《论语·子路》。

④ 《论语·尧曰》。

⑤ 《论语·卫灵公》。

⑥ 《论语·述而》。

⑦ 《论语·为政》。

⑧ 《论语·子路》。

⑨ 《论语·子路》。

信、敬、劝、戒（战）。这些都不涉及宗教。其中最重要的，显然是孔子对其弟子的"子以四教"。应注意的是，"文、行、忠、信"中的"信"并不是说的信仰，实际上，"子以四教"是与"孔门四科"相对应的："德行：颜渊、闵子骞、冉伯牛、仲弓；言语：宰我、子贡；政事：冉有、季路；文学：子游、子夏。"① "文"即"文学"，"行"即"德行"，"忠"即"政事"，"信"即"言语"。（《毛诗正义·小雅·皇皇者华》孔疏："于文，人言为信。"②）

关于孔子之"教"，《礼记·经解》有一种更详细的记载：

> 孔子曰："入其国，其教可知也：其为人也，温柔敦厚，《诗》教也；疏通知远，《书》教也；广博易良，《乐》教也；洁净精微，《易》教也；恭俭庄敬，《礼》教也；属辞比事，《春秋》教也。"故《诗》之失，愚；《书》之失，诬；《乐》之失，奢；《易》之失，贼；《礼》之失，烦；《春秋》之失，乱。其为人也：温柔敦厚而不愚，则深于《诗》者也；疏通知远而不诬，则深于《书》者也；广博易良而不奢，则深于《乐》者也；洁净精微而不贼，则深于《易》者也；恭俭庄敬而不烦，则深于《礼》者也；属辞比事而不乱，则深于《春秋》者也。③

对于这段关于"六经之教"的记载，可以分析如下：

（1）诗教——本源性的情感教化。关于诗，《毛诗大序》说："诗者，志之所之也：在心为志，发言为诗；情动于中，而形于言。"④ 这就是说，"志之所之"就是"情动于中"，诗乃是"发乎情"的言说。这种"诗情"应是先在于存在者、先在于"性"的本源情感，而非后儒所谓"性之所发"的道德情感，故《礼记·乐记》在谈到爱心、敬心、哀心、乐心、喜心、怒心时指出："六者非性也。"这与后儒那种"性→情"架构中的"情"并

---

① 《论语·先进》。

② 《毛诗正义》，《十三经注疏》本，中华书局 1980 年影印本。

③ 《礼记》，《十三经注疏·礼记正义》，中华书局 1980 年影印本。

④ 《毛诗正义·周南》。

不是一回事，而是一种初始真切的情感。因此，诗教其实是本源性的"情教"——情感教育，亦即仁爱情感的教化。这里所对应的是自发境界。所谓"温柔敦厚"，按《礼记·乐记》的说法，即"其爱心感者，其声和以柔"。在孔子看来，情教是所有教化中首要的教化形式，因为仁爱情感乃是所有一切的大本大源，这也就是他所说的"兴于诗"①，亦即是说，人的道德主体性首先乃是在这种情感教化中、而非在道德教化中建立起来的。

（2）礼教、书教与春秋教——形而下的礼法教化。"兴于诗"之后紧接着便需"立于礼"②，也就是《毛诗大序》所说的"发乎情，止乎礼义"或《中庸》所说的"喜怒哀乐……发而皆中节"，所以接下来是"礼教"，即教之以社会规范。③ 这里所对应的是自为境界当中的形而下者的境界。按照孔子的思想，"立于礼"有两层意味：消极的遵守规范；积极的建构规范（这出自于孔子"礼有损益"的思想）。而关于《尚书》与《春秋》的"书教"和"春秋教"其实都是与礼教相配合的，因为儒家之广义的"礼"涵盖了"天道"以下的所有一切"人道"。

（3）易教——形而上的终极教化。关于《周易》的"易教"，所涉及的乃是"形而上者谓之道"④，我们由此进入关乎信仰的观念层级。这里所对应的是自为境界中的形而上者的境界。然而我们知道，《周易》分为古经与大传两个部分，而这两个部分是颇为不同的：《易经》是用以卜问于神的一个神学形而上学的观念系统，故此"易教"是关于神性形而上者的信仰与教化；而《易传》则是经过儒家之义理化改造的一个哲学形而上学的观念系统，故此"易教"是关于理性形而上者的信仰与教化。⑤ 孔子罕言这种形而上的"性与天道"⑥，多言形而下的"礼"、本源性的"仁"，所以不难理解，上文所引《论语》中孔子七次谈到"教"，都不具有宗教的含义。但

---

① 《论语·泰伯》。
② 《论语·泰伯》。
③ 儒家所说的"礼"有多种用法，最狭义的是专指礼仪、礼节；而最广义的则是泛指所有一切社会规范及其制度。
④ 《周易·系辞传》。
⑤ 此所谓"理性"不是指的西语"reason"或者"rational"的意谓，而是儒家所说的理性、或曰"性理"，宋明儒学对此发挥甚多，可姑且译之为"the Heavenly Reason"。
⑥ 《论语·公冶长》。

这并不一定意味着孔子没有关于形而上者的终极信仰的观念，例如，戴震就在其《孟子字义疏证·序》中认为，孔子之言性与天道，就在《周易》之中。①

（4）乐教——溯源性的情感教化。"兴于诗，立于礼"还是不够的，最后还需要"成于乐"②。这里所对应的是自如境界。在这种境界中，我们不仅超越了形而下者，而且超越了形而上者，而复归于原初真切的仁爱情感。所以，乐教也是一种情教。正是通过这种更高的情感教化，我们才能包容一切形而下者、形而上者，这才是真正的"和"的境界。③

总之，孔子的教化既涉及了形而下者的存在，也涉及了形而上者的存在，但更涉及了非存在者化、超越存在者的存在。

四

以上讨论已涉及信仰与宗教问题。我们需思考的两个问题是：第一，如果我们总是需要某种信仰，然而孔子以及后来儒家的主流却"不语怪力乱神"，那么，历史上的儒者士大夫是从哪里获得其"安身立命"的信仰支撑的？也可以换一种方式发问：儒家的仁爱是在观念的哪些层级上、以怎样的形态给出了哪些信仰形式？第二，当一个人面对死亡之际，他如何才可能无所恐惧、乃至心安理得？这与仁爱情感有何关联？

上文已经阐明：信仰与境界之间是存在着某种对应关系的；信仰并不仅指神格化的宗教信仰，甚至并不仅指存在者化的对象性信仰。然而按照通常的意见，信仰的对象似乎总是某种"形而上者"，信仰之名为"仰"恐怕就是这个意味；而且通常以为，信仰就是宗教信仰。然而信仰其实未必等于宗教信仰，并且未必指向一个形而上者。借用《老子》的话说，信仰并不仅

---

① 戴震：《孟子字义疏证》，中华书局 1961 年版。

② 《论语·泰伯》。

③ 《中庸》所谓"发而皆中节谓之和"，其实只是形而下的"和"，亦即有子所说的"礼之用，和为贵"（《论语·学而》），通常所谓"礼乐"都是在这个层级上来讲的，但这种形而下的"和"其实只是自如境界的"和"的一种显现样式。

指对"有"的信仰，还有更为真切的对"无"的信仰（此"无"并非佛教之"空"）。① 那么，我们是否还可提出另外一种信仰，此种信仰无所信、无所仰，因为这种信仰无其"所"信、"所"仰？②

所谓信仰，其实就是一种"相信"；但这种相信并不是通常意义上的对于某种形而下者的"信"，恰恰相反，形而下层级上的"人言为信"③ 倒正是根源于这种信仰的。现今人们爱谈"诚信"，其实"诚"与"信"是颇为不同的观念："诚"可以显现为形而上的"天之道"、形而下的"人之道"④，但首先是作为真切的本源情感的仁爱；而"信"只是在这种本源上、然后在形而上者的基础上建构起来的一种形而下者的道德原则。然而信仰或者是有对象的，而此对象是"有"，即是一个形而上者；或者是并没有对象的，或者说其"对象"是"无"。就"有"形而上者的信仰而论，鉴于形而上者具有两种不同的形态（神性的形而上者［位格性的绝对超越者］、理性的形而上者［非位格的绝对超越者］），所以，其理论表现也具有两种形态：神学形而上学、哲学形而上学。就"无"形而上者的信仰而论，在儒家的观念中，这就是对真切的情感的相信，这里不仅没有神格性的信仰对象，也没有任何存在者，而只是存在或生活情感的直接显现。这样的信仰，我们不妨称做"情感信仰"。

这对于固守常识的人来说可能难于理解。曾经有人问我："你既然不相信宗教，那你有没有敬畏感？"我回答他："有：我敬畏良知。"当时，我并未对"良知"做出解释。其实，在儒家的观念中，良知也有两种不同层级的显现：在原创时代以后的儒学中，良知往往被理解为一种形而上者，例如宋明理学所说的"良知"、或者说是"天理良心"；但在原创时代的儒学中，良知并不是这样的一个形而上者，而是一种前形而上学化的生活领悟。"良知"最早是由孟子提出的，他说："人之所不学而能者，其良能也；所不虑而知者，其良知也。孩提之童，无不知爱其亲者；及其长也，无不知敬其兄

---

① 《老子》，王弼《老子道德经注》本，《诸子集成》本，中华书局1957年版。
② 一般来说，"所"意味着某种对象性。
③ 《榖梁传·僖公二十二年》，《十三经注疏·春秋榖梁传注疏》，中华书局1980年影印本。
④ 《中庸》。

也。"① 这种不学而能的良能，其实就是作为真切情感的"恻隐之心"、"不忍之心"："人皆有不忍人之心。……所以谓人皆有不忍人之心者，今人乍见孺子将入于井，皆有怵惕恻隐之心；……若火之始然、泉之始达。"② 而此不虑而知的良知，则是对此良能的领悟。显然，"良能"是说的"能爱"，而"良知"就是说的"知道自己能爱"："知爱其亲"、"知敬其兄"。

　　这就是良知。此乃是一种非知识性、非对象性的"知"或者"智"。在对象知识的意义上，良知无知；然而在领悟仁爱的意义上，良知真知。这类似于阳明所说的"知行合一"。这其实就是孔子所说的"知天命"（天命就是仁爱）、"耳顺"而倾听天命、而能够"从心所欲"而"不逾矩"③。"知天命"便会"畏天命"④，也就有了敬畏感。假如有一个人，他什么都不信（"什么"即意味着存在者），那么，他信不信本源的仁、真切的爱？你只需看看他对待自己真诚所爱者的态度就明白了。我们甚至可以设想，有一个杀人不眨眼、不信神也不信天理良心的人，然而当其面对其所爱者之际，他绝不会为所欲为，他此时此刻分明表现出一种敬畏感来。而这样的敬畏感，无疑源于一种信仰。儒家教化的宗旨，就在于唤醒他的这种真切的信仰与敬畏感，然后"扩而充之"⑤，而使他"立乎其大者"⑥。现在我们应该明白了：即便是一些儒者所信仰的作为形而上者的天理良心，也并没有丝毫的宗教意味；何况那种前形而上学化的作为真切领悟的良知信仰，那就更与任何宗教信仰无干了。

　　因此，对于死亡的恐惧，既可以通过宗教信仰来消除，也可以通过情感信仰来消解。不过，这里需要更进一步的阐明：情感本身并不能消解死亡恐惧，相反，生活经验告诉我们，情感的牵挂反倒可能加深一个人对生的留恋、对死的恐惧；我们说情感信仰可以消解死亡恐惧，这种消解并不是缘于

---

① 《孟子·尽心上》。
② 《孟子·公孙丑上》。
③ 《论语·为政》。
④ 《论语·季氏》。
⑤ 《孟子·公孙丑上》。
⑥ 《孟子·告子上》。

情感，而是缘于源自这种情感的领悟。① 这种领悟让我们"知道"，让我们明白"死与生共同归属于生活"②；于是，情感的牵挂得以消释，因为我们明白了正是这种情感牵挂使死者与生者共存共在、共同生活，明白了何为"在世"，明白了"不在"之"在"，明白了不朽的真谛未必在于立德、立功、立言式的"三不朽"③；于是，我们获得一种通透豁达的态度："存，吾顺事；没，吾宁也。"④ 这是具有特别重要的教化意义的观念：假如我们不相信任何形而上者，既不信上帝（尼采所谓"上帝死了"）、也不信哲学家那一套形而上学（福柯所谓"大写的""人"也死了），那么，在死亡恐惧中，只有爱能拯救我们。

五

不论是从人类的观念历史还是从个体的观念发生的实情看，人们一般先有对于神性形而上者的信仰，这通常是多数社会大众的事情；然后才可能有对于理性形而上者的信仰，这通常是少数知识精英的事情。因此，我们可将对于神性形而上者的"神性信仰"视为"初阶信仰"，这也就是宗教性质的儒教——"神教"，亦即《周易·观象传》之所谓"神道设教"；而将对于理性形而上者的"理性信仰"视为"中阶信仰"，这也就是理性性质的儒教——"理教"，在这种信仰中，我们将能获得"上下与天地同流"⑤ 而"与天地参"⑥ 的体验，由"理得"而"心安"。

至于"高阶信仰"，则不是对于任何存在者的信仰，而是与最高境界、亦即自如境界相对应的：如果说，"最高"境界不过是自觉地回到"最低"的自发之爱的境界，那么，高阶信仰也就是向这种真切的生活感悟的回溯，这是对存在者信仰的超越，此乃真切意义的儒教——"情教"："诗教"、

---

① 关于生活领悟，参见黄玉顺：《面向生活本身的儒学——"生活儒学"问答》，见《面向生活本身的儒学——黄玉顺"生活儒学"自选集》。

② 黄玉顺：《爱与思——生活儒学的观念》，第 192 页。

③ 《左传·襄公二十四年》，《十三经注疏·春秋左氏传注疏》，中华书局 1980 年影印本。

④ 张载：《张载集·西铭》，中华书局 1978 年版。

⑤ 《孟子·尽心上》。

⑥ 《中庸》。

"乐教"。情教之为教化，就是唤醒这种本源的仁、真切的爱，使之如"火之始燃、泉之始达"，然后才可能"扩而充之"，也才可能使人"先立乎其大者"。

佛教在这方面是很值得研究的，至少有三点颇值得注意：其一，普通百姓的佛教信仰是有神论的，即是一种"神教"，其所希冀的乃是神（例如菩萨）对自己生命财产的保佑；其二，然而就佛陀的原始教义看，佛教本身其实乃是一种无神的宗教，这与理性的儒教"理教"类似；其三，佛教的真义不是追求永生不死，亦即不是灵肉一体的不朽（道教）、或灵魂的升入天堂（基督教），而是彻底从生死（轮回）之域中"解脱"出来，这就更加耐人寻味了，这与道教与基督教都是不同的，倒非常类似于我们所说的"死与生共同归属于生活"，而接近于儒家的"情教"。然而佛教与儒教、尤其是情教的根本区别在于：不论其说"空"还是其说"有"，佛教始终设置了一种"跳出三界外，不在五行中"的彼岸世界；然而儒家情教并没有、也无须设置这样的彼岸。惟其如此，佛教是出世的；而儒教则是入世的，充分肯定此岸的人生在世的生活及其情感。

所以，我们所思考的问题的答案是：仁爱情感是怎样显现为各种信仰形态及其教化形式的？具体说来，儒教的初阶信仰是怎样的？那是对神格性的形而上者的信仰；中阶信仰又是怎样的？那是对非神格的形而上者的信仰；而高阶信仰又是怎样的？那是"离有入无"，是对原初真切的仁爱情感的知而信之。

当然，儒教的初阶信仰、宗教性质的教化形式还是非常必要、甚至非常重要的。对于社会大众来说，"神道设教"之所以是必须的，是因为：一方面，你不能要求社会大众都具有很高深的关于"形而上者"的理性智识；但另一方面，你却可以为之诉诸对于另外一种"形而上者"的信仰，而他们在某些情境中实实在在是需要某种终极信仰的支撑的。

儒家关于宗教性教化的必要性的论说，《易传·观象传》的表述是最为典型的：

> 大观在上，顺而巽，中正以观天下。"观，盥而不荐，有孚颙若"，下观而化也。观天之神道而四时不忒；圣人以神道设教而天下服矣！

　　所谓"神道设教",就是上观天之"神道"(天道),然后以此神道为"教"、下观而"化"(人道)。但《易传》所谓"神"本来并没有人格神的意味,而是说的"阴阳不测之谓神"[1];反倒是更古老的《易经》是宗教性的,那是因为《易经》成书于周初,是中国思想观念刚刚进入形而上学建构时代的产物。原创时代的形而上学具有两种基本形式:神学形而上学、哲学形而上学。《易经》传达的就是一种宗教形而上学观念,人对神的卜问以对神的存在设定作为前提。但《易经》当中的某些筮辞是引用的更为原始的歌谣,其所传达的乃是更为原初的观念。[2]《观卦》的卦辞"盥而不荐,有孚颙若"就是如此,王弼释为"观盥而不观荐"[3],亦即并不注重宗教仪式,而更重视此前的真诚情感的显现,这与孔子的观念完全一致:"禘,自既灌而往者,吾不欲观之矣。"[4] 这是因为在孔子心目中,"为礼不敬,临丧不哀,吾何以观之哉?"[5] 但是,原创时代以后,"神道设教"的宗教意义还是形成了,例如董仲舒的公羊学。这就是说,"神教"也确实是儒家教化当中的一种传统形式。

　　但不论采取怎样的教化形式,我们都不应忘记:一切教化的本源仍然在于仁爱的生活情感;神教在儒家教化中并不具有特别根本的意义。荀子的著名论断便是:"君子以为文,百姓以为神。"[6] 对此,《论语》的表达更为透彻、也更意味深长:"祭如在,祭神如神在。"[7] 这里蕴涵着两层意味:我们是否真正相信神之"实在",这是并不要紧的;要紧的在于:我们在祭祀中要有真切的情感。例如,"礼,与其奢也,宁俭;丧,与其易也,宁戚。"[8] 否则,"吾何以观之哉?"

　　儒家的教化观念,其实有着更古老的中华文化渊源。前引《易传》中

---

①　《周易·系辞上传》。

②　黄玉顺:《易经古歌考释》,巴蜀书社 1995 年版。

③　《周易正义·观卦》。

④　参见黄玉顺《论"观物"与"观无"——儒学与现象学的一种融通》,《四川大学学报》2006年第 4 期。

⑤　《论语·八佾》。

⑥　《荀子·天论》。

⑦　《论语·八佾》。

⑧　《论语·八佾》。

谈到"下观而化","教"的目的乃是"化",我们不妨对汉字"化"的本义进行一番考察。《说文解字》解释:"化,教行也。从匕、从人。"① 这个"匕"并不是匕首之"匕",而是"化"字的古字,即是一个倒着写的"人"字,《说文解字》:"匕,变也。从到(倒)人。"所谓"到人",就是"倒人",即倒下的人。《说文解字》:"到,至也";"至,鸟飞从高下至地也。从一,一犹地也。象形。不,上去;而至,下来也。"这就是说,"到"就是至,而"至"是鸟从高处飞到地面,这样的飞行,是头朝下的。这就意味着:"到人"就是头朝下的人,亦即"倒人"。《说文解字》没有"倒"字,其实就是因为当时的"倒"字就写做"到"。故《说文解字·新附》说:"倒,仆也。""倒"就是仆倒的意思。"匕"字后来写做"化",进一步明确了这个意思:从正立的人(亻)而变为倒下的人(匕)。但这当然并不是说教化的目的是要把现实的人整倒、弄死。要理解这个观念,我们必须引入哲学上的"主体"概念。现实中的人,乃是所谓"主体"(subject);而"到人"或"倒人",就是放弃了主体性的人。这样的人,也就是庄子所说的"至人"、"真人",即"吾丧我"② 之人,也就是自然真切的人。"至人"的意思是"倒人","真人"的意思也是"倒人",因为"真"字的字形所传达的本义就是一个人"倒"在某种案几之上。因此,教化的目的在于"放倒"人的主体性,让人成为"真人"而非"假人"。由此可见,事实上,这里蕴涵着儒家的、或者说儒道两家共通的一种非常本源的观念:教化的最高目标就是超越主体性存在者,复归自然真切的本源存在。

因此,在儒家看起来:刑教、法教不如礼教、德教;礼教、德教不如神教、理教;神教、理教不如诗教、乐教。换句话说:情教优于德教,德教优先法教。一旦通过情教而获得了高阶信仰以后,无论是对于社会大众还是对于知识精英来说,其他的信仰及其教化就不再有任何意义了。

---

① 许慎:《说文解字》,大徐本,中华书局 1963 年版。
② 《庄子·齐物论》,王先谦《庄子集解》本,《诸子集成》本,中华书局 1957 年版。

	存在		形而下存在者（万物）		形而上存在者（神性的→理性的）		存在	
			形而下学	←	形而上学	←	源始观念	奠基关系
生成关系	生活感悟	→	形而下者	→	形而上者			
教化	诗教（情教）	→	书教礼教春秋教	→	易教（神教→理教）	→	乐教（情教）	
信仰				初阶	→	中阶	→	高阶
境界	自发	→	自为				→	自如

最后回到开头的问题。鉴于上述，对于儒家的宗教性质的教化形式，我们应当给予一个专门的命名"儒家宗教"或者"儒家神教"，以区别于意义更为宽广的"儒教"。

生活儒学的儒教观念①

一、儒教问题的思考背景

1. 作为儒家教化的儒教

（1）会讲回顾

简单回顾一下。前天、昨天，我们讨论了两个比较大的话题。

头一天是讲的生活儒学，主要涉及两点：

第一个重要内容，是生活儒学思想系统的观念的基本架构——框架性的东西。其实，生活儒学的这种架构，由于时间有限，我还是没讲完的，它其实有几个不同的层级关系。一个是考虑到时间比较仓促；另外一个是考虑到，其中有一个问题涉及全世界哲学思想中比较复杂的一些概念，就是说，古今中外的哲学架构中的一种我们哲学上把它叫做"奠基"问题的概念，就是我上次解释的"观念'生成'的架构"，它和古今哲学形上学建构中的观念"奠基"的层级架构其实是有区别的。这个问题那天我没讲，可能也没机会讲了，这其实是一个很重要的问题。还有一个很重要的问题，我上次也没来得及讲，其实也是特别有意思的，就是"境界"问题、特别是孔子

① 此文是根据我于 2009 年 7 月 28 日—29 日在长白山书院的讲座"生活儒学与现代性问题"第三部分的现场录音整理的，加上了若干标题、注释，有删减。

的境界论思想。它和我们的观念的"奠基"关系、观念的"生成"关系都不是完全一致的。这个问题，看以后我们有没有机会来讨论。这是个特别有意思的话题：儒家的境界论问题。这是我第一天讲的主要内容的第一个重点：其实我主要讲了观念"生成"的层级性。

第二个重要的内容，就是观念之生成的"大本大源"，这是观念生成层级中的第一个层级，也就是我所说的：长期以来，虽然我们还在谈论"仁爱"什么的，但其实我们从观念的把握上面、领会上面来看，可能已经遮蔽了这个观念——就是关于"存在"或者"在"本身、"无"的这样一个观念。这是我头天讲的第二个大的内容。

然后就是我昨天讲的"中国正义论"或者"儒家正义论"问题这个大话题。这个话题，我昨天也说了，它是属于生活儒学或者儒学的观念生成层级当中的、我那天画的那个图示中的最上面一个层级，也就是形而下学的层级。

形而下学

↑

形而上学

↑

生活感悟

昨天我谈了一下，形下学有两个基本的领域："天文"、"人文"；或者用今天的话说：知识论与伦理学。我昨天讲的是属于伦理学这个大范畴的。儒家的伦理学在形下学层面上的展开，主要就是政治伦理方面的问题。从这个层面上来把握儒学、命名儒学，我们不仅可以把它称之为"仁学"、称之为"礼学"，也可以把它称之为"义学"。这是我想提出的，也是应对全世界、特别是西方的正义论：我们提出中国自己的、本土的"儒家正义论"，来做一个对应或者应对。其着眼点是在"仁"与"礼"之间的枢纽、一个关键环节，就是正义原则问题，所以，在这个意义上，我们可以把儒学命名为"义学"，或者用今天的话语来说，就是"正义论"——正义理论（Theory of Justice）。

以上就是我们过去两天涉及的基本内容。

（2）生活儒学的教化视角

今天我想讲的话题，就是"儒教"问题。先说一下这个儒教问题和我头两天讲的内容之间的关系。实际上，儒教问题，它应该说是儒学、或者说生活儒学在另外一个视角上的展开方式，它所谈的还是生活儒学的问题。那么，这是一个什么样的独特视角呢？就是"教化"这个视角。

我们知道了儒学，当然就知道了儒学本身就是历代儒者通过不断的"朋友讲习"来构造的一个理论系统、观念体系；这个观念体系实际上就是我第一天讲的、我极力呈现出来的人类所可能有的观念框架——穷尽性地把握的人类所可能有的观念框架的系统。那么，如果我们已经获得了这样一种观念框架，我们就面临一个问题：针对现实当中、经验生活当中的人们，我们如何告知他们这一点？比如说我第一天讲到的第二个重要的内容、就是关于"仁爱"的问题——作为大本大源的仁爱问题，如果我们儒学的探讨已经意识到了这一点、明白了这一点，那么，我们如何告诉大家？或者换一种说法：如果经验生活当中的每一个人，我们的良心、良知、良能，我们的爱心，我们的天然的爱，或多或少地被遮蔽了、被茅塞了，那么，我们如何唤醒它？

我们也可以用《大学》文本的表达方式。"大学之道"首先是"三纲"中的第一条"明明德"①。"明明德"的意思是说：你的良知、良能，你的良心，它本来是明朗的，是敞现的，是摆在那里的，但是，在经验生活当中，由于我们受到许多外物的习染，它或多或少地被"茅塞"了（孟子的说法）、"物蔽"了（荀子的说法），这个时候，本来很明朗的德性现在晦暗了，该怎么办的问题。所以，"明明德"中的后面这个"明德"，是说你的本心、你的良知、你的德性本来是明朗的。它现在晦暗了，那怎么办呢？"明明德"——让它重新明朗起来。这就属于我今天要讲的"教化"问题。

或者用孟子的话来讲，就是"先知觉后知，先觉觉后觉"②的问题。我们每一个儒者都会有、都应该有这样一种担当、这样一种责任、这样一种使

———————

① 《礼记·大学》。原文："大学之道，在明明德，在亲民，在止于至善。"

② 《孟子·万章上》。原文："天之生此民也，使先知觉后知，使先觉觉后觉也。"

命。我们在座诸君，不管你对儒学掌握到什么程度、领会到什么程度，我们都应该随时有这样一种责任意识。凡你接触到社会上的任何一个人，从你的亲人开始，一直到外人、所有的人，你随时都应该有这样一种担当的、责任的意识：唤醒他被遮蔽的爱心。这就是我们讲的"教化"：要让他本来明朗、后来晦暗了的德性重新明朗起来。这是我们儒者的一个基本的责任。这就是个教化问题。

…… ……

2. 关注儒教问题的三个直接缘由

就今天来讲，我们儒学领域，特别是在新世纪以来的中国大陆的儒学复兴运动中，大家关注得最多的、现在最迫切的问题，和现代新儒家的关注完全不同。现代新儒家基本上关注形上学的问题、心性论的问题。今天儒者关注得更多的是制度层面的问题——形下学的问题，就是和我昨天讲的正义论问题属于同一个层级上的问题，或者叫做广义的"政治儒学"吧。这一切都涉及我那次没时间讲的内容，其中有两点和今天的话题直接相关：

（1）经典传承的断裂

第一点，就是到了五四新文化运动，中国的自由主义西化派浮出了水面，站到了历史的前台，以《新青年》杂志为代表，他们有一个反思，就是说，我们中国之弱，不仅仅是物质层面的，也不仅仅是制度层面的，而且尤其是文化层面的。用陈独秀的话来说——他有一篇文章《吾人最后之觉悟》，是很著名的，文章说：今天我们终于觉悟了，这是"吾人最后觉悟之最后觉悟"①。这就是说：中国整个文化都出问题了。

但是，我刚才讲，到1923年的时候，现代新儒家浮出水面，他们对陈独秀的这种判断做出了一些修正、甚至是根本的修正。就是说：你不能说整个中国文化都是有问题的；它可能会有一些问题，那是需要去研究、去分析的。我们知道，现代新儒家实际上后来做的基本工作，就是在"内圣外王"的架构下的"内生开出新外王"，认为：中国形上学的根柢是完全没问题的、非常好的，用牟宗三的话来说，我们的"道统"完全是对的；可惜我

---

① 陈独秀：《吾人最后之觉悟》，原载1916年2月15日《青年杂志》第1卷第6号。

们面对现代性的生存方式，没有从道统里开出应有的"政统"与"学统"。这是现代新儒家的一个基本判断。当然，我们 21 世纪的儒学思想运动当中的代表人物，在这个问题上可能基本上不会同意现代新儒家的判断；我们有自己的判断，当然也不是统一的，可能还需要十来年或者稍微短一点的时间，我们才能够回过头来总结我们这段儒学复兴运动，它有哪些共同的观念。到时候才看得清楚，目前看不清楚，至少我觉得还是看不清楚的。

　　我刚才说，大家都关注形下学、制度建构的问题，那是现象上的描述。就这点来讲，就面临着和我们的"教化"话题相关的问题。实际上从五四运动开始，"西风压倒东风"，中国人基本上是好几十年"一边倒"，其顶峰就是发展到"文革"的"批林批孔"——对儒学的激烈的批判，"再踏上一只脚，叫它永世不得翻身"，属于"破四旧、立四新"：基本上就是这样的"一边倒"的走向。由此造成了儒学在中国的传承的长时间中断，乃至于我们今天的中国人，包括很多学者、学者类型的儒者，都对儒学的经典并不真正熟悉，并没有多少研究，更谈不上深入的研究。我这里不具体的点名，大家都很清楚，某一些著名的儒者基本上对于儒学的经典没有系统的研究；那就更不用说一般的老百姓、一般的人了！这些现象和我今天的话题相关：迫切的需要一种教化。

　　……　……

　　（2）儒教问题的论争

　　我记得前几年中国社科院成立"儒教研究中心"的时候，他们聘请我当学术委员，来征求我的意见，开始我是拒绝的，不是因为我不赞成他们，而是因为我没有做过这方面的研究，也从来没写过儒教方面的文章。实际上，我是去年才开始写第一篇关于儒教方面的文章；以前写的一些文章虽然和这个话题有关、甚至关系很密切，但都不是专门谈这个问题的。

　　去年我写了一篇《儒教论纲》①，网上有，很多网站都转载了。那是纲要性的，把我最近两年对儒教问题的系统思考整个地端出来，就是说，把我全面研究儒教问题可能会涉及的层面、方面，尽可能全面地摆出来。也正因

---

　　① 黄玉顺：《儒教论纲》，中国人民大学孔子研究院《儒学评论》第五辑，河北大学出版社 2009 年版。

为如此，它仅仅是一个"论纲"，每一个层面、每一个侧面的细节都没有展开。那没关系，还可以进一步继续研究。

鞠曦先生刚才谈到，这个领域现在充满了争议。而且我知道，鞠曦先生是反对"儒教"这个说法的；但是他的这个反对，是特指的把"儒教"定义为宗教——Religion，这是鞠曦先生坚决反对的。我和鞠曦先生的看法可能有一点不同，我们也可以讨论：我会把具有宗教意义的这样一个"儒教"放在整个大的"儒教"——"教化"这个背景当中去看。如果我们考察历史，那么，历史上确实存在过具有宗教意义的儒教，这是一个事实；并且，如果我们对当下的老百姓的精神需求进行考察，我们可以发现，这还是可以做的一种事情吧？那么，我这么设想：这么一种宗教——Religion 意义上的宗教、神教，在我们今天整个儒学复兴运动的教化当中，它应该摆在怎么样的合适的位置上去？这是我现在思考的一个很重要的问题，我不敢说我想明白了，只是提出这个问题来，我们大家探讨。这显然是一个问题，一个很重要的课题。但是，我很赞同鞠曦先生的这个观点：儒学或者儒教，整体上、或者说根本上不是宗教。这个看法我是完全赞同的。

关于"儒教"问题根本上不是 Religion 的问题，这里我补充说明一下。为什么从现代以来，很多学者都会谈到儒家的宗教——Religion 这个意义的"儒教"呢？这其实是文化心理上的一种反应。很简单地来说，我刚才的那个话题：为什么我们中国积贫积弱、打不过别人呢？为什么落后了呢？对中西做比较：他们有什么、我们也有什么，那么我们弱的原因肯定不是这个；但是他们有、而我们没有，那么这肯定就是原因了。这是一种简单归纳法，是很简单、很容易的一种思考方式。培根的归纳法，他的那个根基就在这里。这是科学的、但其实是很肤浅的根基。可是，有一部分学者，包括现代新儒家当中的一些代表人物，都这么想问题，他们不断地比较西方有什么、我们没什么，忽然发现了一个很重大的东西竟然是中国没有的——国教。西方是有国教的，而我们居然没有国教！这就是个问题。

最先发现这个问题的是康有为，所以他要建立国教。现代的"儒教"争论就是从那儿开始的。当然，康有为设孔教为国教，是不是失败了，是不是错误的，这不能简单化地下判断，这个问题很复杂。但他确实有做得不妥的地方，包括从儒教作为国教的理念的设定、到具体组织制度形式的设计，甚至包括与社会上某些政治力量的组合、联合，都有严重的问题。我特别说最后一点：你要向社会上某一种政治力量获取同情、获取支持，甚至与之联合，这是太要紧、太重要的一个问题了，是不能随随便便来的，弄不好就出大问题！

接下来就是现代新儒家对这些问题的很多探讨；乃至直到 20 世纪改革开放当中，有两本书是很热门的，那是德国社会学家马克斯·韦伯的，翻译过来一下子就很热，我不知道在座诸君看过没有啊？一本是《新教伦理与资本主义精神》①，是讲西方资本主义与现代性制度的精神根基在哪里：新教；另外一本谈中国的，《儒教与道教》②，这本书也是很多中国学者当时赶紧买来读的。它的一系列观点，一个就是：为什么中国不能走向资本主义、走向现代化呢？因为儒教不是宗教、道教也不是真正意义上的宗教嘛，这就缺乏资本主义的那个 DNA——那个精神的基因。这是他的一个判断。于是中国有一部分学者，其实就是出于弱势文化心理的一种自然反应、一种心理机制——从心理学上来讲的一种心理防卫机制，就反驳道：我们怎么没有宗教？儒家就是宗教，至少是具有宗教性的。这个心态很不好！心态就不对。他们分辩说：我们的宗教性是不同的！你的那个是神教，而我们的是"人文宗教"；你的那个是"外在超越"的，而我们的是"内在超越"的；如此等等。

诸如此类的讨论很多很多，表面看起来全是一些理论问题，其实都是现实的问题。没有纯粹的理论问题：一切的一切都收摄在我们生活的当下。我们的一切焦虑，我们的政体的思考，我们玄之又玄的理论，无不源于我们的生活——我们当下的生活。我们关注的就是这个问题。这本来也是儒家从来的一种关注：关注我们当下的生活、我们当下的生存问题，并且为解决这样的问题拿出我们的方案来！

好了，这是我们今天来讨论儒教问题的大背景。如果没有这样一个背景的理解，我们在那里空谈一些纯理论的东西，不管现实地想象一番，那是没用的，完全没用，哪怕你的理论讲得再头头是道，也是不行的。当然，我们也要回到原典去——回到儒家的原典去，看一下我们的先圣先贤给我们留下了怎样一些可以用来解决当下问题的思想资源；但如何阐释、如何发挥这些

　① 马克斯·韦伯：《新教伦理与资本主义精神》，四川人民出版社 1986 年版。
　② 马克斯·韦伯：《儒教与道教》，江苏人民出版社 1995 年版。

思想资源，这是我们的任务。

　　就我自己的思考来讲，我特别想把我们儒家最近百年来关于儒教的历次争论、实践，他们的得失、经验教训，都尽可能地加以一种总结；并且把从古到今的儒家教化的各种层面的形式尽可能地包容进来。呵呵！这是我做事情的一个特征：我是一个和事老，就是要包容。

　　比如在我们今天新世纪的儒学复兴运动当中，谈"儒教"问题，影响最大的有两个人：蒋庆、陈明。他们两位，我们之间私下讨论很多，当然，我也不会完全同意他们；但是在公开场合下，我会充分地支持。私下是可以讨论的，我有我关于儒教的想法，可以公开发表的。他们也不会公开批评我。我们有一个底线，就是"谁是我们的敌人，谁是我们的朋友"，先把这个界限划清楚。我自己的一个原则是：决不公开攻击一个儒者。私下可以"攻击"、甚至很严厉地批判，特别是在酒桌上，那没问题的，什么都可以谈。但我就是喜欢做和事老的。（笑）我们现在也特别需要这个：相互不要拆台，要搭台，要支持，要支撑。

　　说到陈明，他以前在中国社科院世界宗教研究所，后来调到首都师范大学去了。宗教所，我们知道，研究的是狭义的宗教——Religion，研究世界上的几大宗教。研究所自然会设立"某某研究室"，也有"儒教研究室"。任继愈先生是这个研究所的第一任所长，他提出"儒教"问题。任继愈先生当时提出"儒教"问题来讲；后来他是有转变的——在文化立场上。他当时的文化立场，我们不一定同意；但他毕竟还是一个中国学者，他个人是很有儒者风采的。当时，在他心目中，儒教是个坏东西。这也是知识分子不断反思的结果：中国两千多年来为什么积弱呢？原因在哪里呢？有一个精神上的重要原因——特别是在后来的专制社会中，就是儒教这个东西成为国教了，这是一个罪魁祸首。这是他的一个重大研究成果，当时看起来很了不得；对他个人来讲，也是很有学术荣誉的。这和我们现在儒学复兴运动的大背景有很大的关系：有很多知识分子，在解放后被"洗脑"了；但是最近这么些年，他们或多或少都在文化立场、文化情感上发生了改变。这是一个大背景，一个时代的思想趋势。陈明在这样一个背景、环境下，通过他的极力的活动，使中国社科院成立了一个儒教研究中心。

　　鞠曦先生和他们有很多争论、论战，就会有些情绪，这是很自然的。这些论战本身也是很有意义的，而且论战的前一段、包括鞠曦先生对李申的系统批判，已经载入史册了，就是陕西师大的韩星教授对前几年的儒教问题论战的总结性的评点，那是以后学者研究这段学术史的时候绕不过去的书、必读的书。[①] 我顺便说一下：在座诸君如果要做历史的研究，这是"活的思想史"。我们当下的一些活动，包括长白山书院的一些活动，这也是"活的思想史"，以后都会载入史册的。如果首先研究这样的东西，把成果发表出来，那么后人来研究这段历史，这就是第一手资料，是最珍贵的，是绕不过去的，否则他就没有发言权。

二、儒教的层级系统

书归正传。刚才我说了，我有一个意图，就是把儒家或者儒学在历史上曾经出现过的教化的形式尽可能全面地容纳进来，进行一下梳理，尽可能地给出一个观念的架构、框架；就像我那天给那个记者讲的一个词语：给儒教一个"全方位、多层次"的描绘。当然，每一个方位、每一个层次，我今天是不可能详尽地展开的；我只给出一个总体性的、鸟瞰式的东西。但每一个点都是可以深入讨论的，每一种教化形式都可以做专著性的研究。比如我现在要带"儒教"方面的博士生，我就要给他们开出具体的哪一个方面、哪一个层次，好好研究；甚至还可以更具体，比如说关于汤恩佳先生那个"孔教会"，你好好写一部专著出来，总结总结他们的经验、得失。做这种研究是很有意义的。我今天只能总体性地谈一下。

刚才我们提到，"儒教"这个词语出现得稍晚一点。但是，"六经"之教是出现得很早的，可能大家最熟悉的就是《礼记·经解》中的一段话：

> 入其国，其教可知也：其为人也，温柔敦厚，诗教也；疏通知远，书教也；广博易良，乐教也；絜静精微，易教也；恭俭庄敬，礼教也；属辞比事，春秋教也。

---

① 韩星：《儒教问题——争鸣与反思》，陕西人民出版社 2004 年版。

　　这就是"六经之教"。我去年写的那篇文章，实际上也是对这"六教"的分析。[①] 我个人的看法：这样的一个系统，与儒学观念的各个层级之间有一种对应的关系。所以，下面着重分析一下我的这种理解。在我看来，"六经之教"并不是完全平列的，可以做一个分析：每一教的着眼点是不同的，所对应的儒家观念的层级是不同的，其功能也是不同的。这么一种对应性，一方面是和我刚才谈到的儒学的整体的观念架构之间的对应性；另外一个方面，由于我们的教化总是面对一个又一个的个体——活生生的人，所以，它跟每个个体的修养阶段——境界层级之间也是对应的，也是一种对应关系。

1. 本源之教：诗教

　　比如说"诗教"。我们知道，"诗教"的教化方式在孔子那里是受到特别重视的、首要的。孔子有一段话——三句话，我认为是孔子教化思想的纲领性的陈述，即："兴于诗，立于礼，成于乐。"[②] 把这三句话搞清楚、阐释清楚了，孔子思想的整个丰富的系统层级也就出来了。当然，有的学者也可以选择其他的方式进行阐释；但我认为，这段话是非常重要的。《论语》里面，关于孔子在观念上、理论上如何强调"学诗"的重要性，以及他在身体力行方面如何教学生读诗、赋诗、吟诗、歌诗，如何解诗、讲诗，都有很丰富的记载。除了《论语》以外，其他的文献也有很多记载，都是非常宝贵的资料。在我的一些著作和文章里面，我也很重视这部分。我的问题是：孔子为什么这么倡导诗教、放在首要的地位？我是有我的一套理解、阐释的。

　　头一天我好像很短暂地提到过这个话题。那天涉及我们说到的"言说方式"的问题：我们只能以某一种方式，才能通达"道"或者本源的仁爱之情。我当时引用了《老子》开篇的说法，就是"道可道，非常道"。其实，我们现在思想界对这个问题是有一些研究的。那天我是用我的概括方式："言之有物"和"言之无物"，这是两种不同的言说方式。

---

　　① 黄玉顺：《儒教论纲》，中国人民大学孔子研究院《儒子评论》第五辑，河北大学出版社 2009 年版。

　　② 《论语·泰伯》。

当然，《易传》是形上学的建构，要求"君子以言有物而行有恒"①。鞠曦先生办的刊物《恒道》和这个是有关系的。那是一个很重要的理念、很重要的命题：《易传·大象传》是有一套完整的理论建构的，是涉及整个形上学、形下学的，这个时候必须要"言之有物"。但是，作为无的无物存在——先行于任何存在者、先行于任何"物"的这么一种本源层级的"道"——作为无的道，"言之有物"恰恰是与之背离的。

那天我还批判性地引证了西方现代语言学、语言哲学关于符号的说法。语言学对科学层级上的对象的把握，是"言之有物"的，在索绪尔那里就是说：符号是有"能指"、有"所指"的。"有所指"是一种对象性的东西，所以，那是一种对象性的把握。对象性的把握是不可能通达"道"的：道怎么能成为一个对象呢？一切对象皆是被道给出来的。分析哲学——语言哲学也会认为：一个符号，有指称（Reference）、有含义（meaning）或者概念。这也是"言之有物"的，也是对象化的把握。这样的言说方式是不能通达道的。

言说方式和我们操何种语言是没关系的，不能说汉语就能通达道，德语就不能通达道；使用同样一种母语，也有不同的言说方式。我刚才讲的这么一种"言之有物"的、可以陈述的言说方式，它可以通达一个对象、把握一个对象、陈述描绘一个对象、定义一个对象，这都是可以做到的。但是，如果道是无，那么"言之有物"就不行：有和无是不相应的，完全不相应。显然，应该存在着这样一种言说方式（不是一种语言），这种言说方式"言之无物"。这种言说方式不像我们写一篇科学论文或者中小学生写一篇记叙文、说明文、议论文这样的东西，这样的东西是"言之有物"的，这样的文体是不能通达道的。那么，有一种言说方式——在这种文体之外的一种言说方式，它可以通达道。

这种言说方式问题，在世界范围内的思想界，有很多探讨，就是：我们的观念进入到、回溯到、还原到存在本身、或者无本身的时候，怎么样一种言说方式才可能通达它呢？这个问题，我先介绍一下西方的诠释学，然后我们再进行批判，之后回到儒家的诠释观念上来。

---

① 《周易·家人彖传》。

我们知道，我们来读圣人书，能不能真正进入到圣人的最本源的观念中去（这是对道的一种通达），这是很不容易的事情、很难的事情。就像我昨天说的，我们自以为读懂了圣人书，但是未必读懂了。联系到我现在这个话题，那是以一种"言之有物"的方式去理解的，也没错，但那是一种"有"这个层面的言说。那是可以的，但是不是究竟的。

就西方的诠释学来说，是这么一个词语：Hermeneutik。它的词源是Hermes，我们汉语翻译成"赫尔墨斯"。赫尔墨斯是西方神话里的一个神。他是一个什么神呢？是神的信使，他把神旨、神意传达到人间。这么一个角色是非常重要的。我们的圣人就像是这样的一个人；当然，我们儒者也都应该争取做这样的一个人。我这里面也顺便说一下：这就是"学做圣人"嘛！这是宋明理学所说的"学"，学什么呢？就是"学做圣人"。这个"圣"字是简化之后的，甲骨文的写法不是这个样子。甲骨文"聖"，下面画了一个很小的"人"，意思就是说，"聖"字重点突出的不是这里，而是耳朵和嘴巴。圣人首先倾听着"消息"——"天地消息"①、阴阳消息，或者叫做倾听"天命"、倾听生活的呼唤，等等。首先倾听，然后言说。教化就是一种言说。我那天也探讨了圣人的境界，其实在《论语》、尤其是《孟子》里面有明确的说法：圣人是怎么样的呢？"仁且智"②：耳朵倾听爱，嘴巴言说爱。儒家说了很多的道理，归根结底就是说的仁爱。回到西方诠释学，中西在结构上是一样的，而内容不同。结构上，赫尔墨斯倾听的是神的指令，然后把神的指令带给人间、说出来，所以西方诠释学的词源是 Hermes。中西之间在架构上有一致之处。我们的"训诂学"什么的，对应的是西方的古典诠释学；反过来说，西方诠释学的第一个阶段也是古典诠释学，比如《圣经》诠释学。第二个阶段，生命哲学家把它一般地人文科学方法论化；第三个阶段才是当代诠释学——存在化，言说存在本身。就 Hermeneutik 的本意来讲，它和儒家很不同：他倾听的是众神的声音，而儒家倾听的不是什么神的声音，而是倾听仁爱——本真情感，然后说出来，这就是教化。

我想说：圣人孔子为什么重视诗？因为诗就是这样的本源情感。当然，

---

① 《周易·丰彖传》。原文："天地盈虚，与时消息"。
② 《孟子·公孙丑上》。

不是说你写过诗你就是诗人、圣人了。圣人是很高的境界。诗人，在当今的思想前沿看来，就是圣人，就是 Hermes。在我们中国儒学里面，孔子就是诗人：孔子不仅读诗、赋诗、吟诗、歌诗、解诗、讲诗，他自己也作诗。你读《孔子世家》，还有一篇保留下来的孔子亲自做的诗，总共六句，是非常好的。① 所以，圣人就是诗人。

孔子讲"兴于诗"，他有一个认定。认定什么呢？我们翻翻传统训诂，这个"兴"字的最常见的解释就是："兴，起也。"比如成语"夙兴夜寐"这个"兴"，就是早早地起床——站起来、立起来了。"兴于诗"是说：作为一个人真正地站起来了；或者用哲学的话语说：主体性确立起来了。那么，作为一个儒者、仁者，这种主体性是怎么确立起来的呢？是在对爱的倾听当中确立起了作为仁者的人——"仁者，人也"②；否则，你就还不是一个人。我们今天哲学界探讨"存在者何以可能"，包括主体性这样的存在者何以可能，孔子给出了一个回答："兴于诗"。为什么呢？因为诗不是"言之有物"地对一个物的科学的认识；诗就是爱的显现。真正的诗就是这种情感的显现。你读《诗经》，要这样去理解它：它会谈到很具体的情感内容，但归根结底就是仁爱的显现。

所以，我也顺便说一下，我们欣赏艺术作品，从中小学起，老师讲一篇文章、一首诗什么的，比较典型的是记叙文，讲故事的，教你先归纳它的"段落大意"、"中心思想"，它反映了一个什么什么"思想"、"观点"什么的，这个模式对于记叙文、议论文是完全可以的，但是对于艺术作品是完全没用的。在儒家看起来，你最多可以说：它是一种情感的显现，不管是千差万别的情感显现，归根结底是爱的显现。这就是我们今天欣赏艺术——欣赏诗、画——诗性的东西的根本点。以前有一个美国的很著名的美学家，曾经在中国很流行，她有一个命题：艺术是情感的符号。我常和我的学生讲：她这句话说对了一半，错了一半。艺术是情感的显现，这是对的；但真正的艺术不是符号。符号就是我刚才讲的索绪尔的语言学、或者语言哲学所讲的

---

① 司马迁：《史记·孔子世家》。原诗："彼妇之口，可以出走；彼妇之谒，可以死败。盖优哉游哉，维以卒岁！"

② 《孟子·尽心下》。

"有所指"、"言之有物"的东西，那是从对象性的物的记载、描绘、描写来看的。

艺术包括诗，这里无物存在。我举一个国学大师王国维先生的例子。王国维先生谈宋词。词其实也是一种诗嘛。不是谁写了一首词就是词人了，词人是很难得的。很难得的词人也还有两种境界，高低不同。王国维先生谈到了词的两种境界，叫做"有我之境"与"无我之境"。如果别人读你一首诗，处处感受到——赫然感受到你的主体性挺立在那里，那么王国维先生会说：这不是最好的，不是最高境界。最高境界是别人感受不到你的存在。主体不存在，对象也不存在。他只感受到情感。词中其他的形象都是情感的显现样式，这就是王国维先生讲的"一切景语皆情语也"①。这么一种"情语"——最高的境界，不是"有我之境"，而是"无我之境"。什么是无我之境呢？"不知何者为我，何者为物"：没有我存在、也没有物存在——没有"主—客"架构。没有存在者存在、无物存在，这就是无的显现。

但是王国维先生不是为了谈儒家的这个观念。我这里是讲孔子为什么重视诗，是因为诗就是爱的显现，而不是对爱的符号性的表达、对象性的把握，完全不是。所以孔子讲"兴于诗"，就是说：你作为一个儒者、作为一个人，作为一个主体性的存在者，你的兴起、你的挺立从哪里来的呢？诗！这就是诗教。

诗教在汉儒那里开始发生演变，就是对"诗教"的理解发生了演变。我们今天来"诵诗"——读《诗经》，你首先接触到的就是《毛传》。《毛传》里面还保留着很多很本源的观念，但也开始发生演变了。到了《郑笺》，再到了朱子的《诗集传》，可能就越说越远了。汉儒对诗的很多解释，就已经有很多政治性、伦理性的东西在里面了，已经不本真、不本源了。其基本解释模式，就是把"赋比兴"的"比"理解成"比喻"，比喻是一种讽刺，而且就是讽刺政治事件、政治人物。至少"十五国风"并不是一回事；它就是老百姓的民歌，就是本真情感的这么一种显现，如此而已。汉儒把它政治化了。当然，有的诗，比如《雅》、《颂》，特别是《大雅》、《颂》，有很强的政治内容，这是肯定的；但"十五国风"不是这样的。而

---

① 王国维：《人间词话》，上海古籍出版社1998年版。

孔子首先强调的就是读《国风》——《周南》、《召南》。他问他的儿子：你读了《周南》、《召南》没有？（这是"十五国风"的开头两"风"嘛）如果你没读过，这就像撞到墙面而已，什么也看不见，瞎眼了。[①]

所以孔子特别重视诗，又特别重视《国风》。至于孔子讲诗的具体记载，非常多，我就不展开谈了，时间有限。我只是强调：诗教是儒教的第一教，是首要的。这和我们现在教育界的一种讲法是不谋而合的：现在幼儿园、小学的"寓教于乐"，其实就有"诗教"的意思，但是还不明确。我们依照孔子的讲法，可以明确地告诉他们。关于小孩子的教育，我的想法是：儿童读经可以读，但我个人的看法，那要看读什么经。一上来就读《公羊传》，哪里读得懂啊！《论语》比较好读、好感受，也不一定真正能懂。最好是读诗。给小孩子多选一些、多做一些好的诗——特别浅显、特别有爱心的那种诗，让他去读、去背，这是对小孩子的一种最好的教育方式。现在不是强调"法制教育"吗？但是，法教不如礼教，这个道理孔子是说得很明白的："道之以政，齐之以刑，民免而无耻；道之以德，齐之以礼，有耻且格。"[②] 进一步说，礼教不如诗教；或者说：礼教不如情教。小孩子，你和他讲大道理，他不一定懂，也不一定能接受；身体力行的情感，他是可以感受到的。

我经常想到这样的体验：孔子的妈妈肯定是极有爱心的人。孔子就生活在这样的环境中。在孔子之前，从来没有人把"仁爱"提到这么高的位置上去；孔子在历史上第一个把"仁爱"看成是大本大源，这绝对和他的母亲的情感是有密切关联的，不是偶然的。孔子这么一个圣人，在母亲的培育下，首先接受的是情感的培育。我设想：他母亲对孔子的这么一种爱，在方方面面表现出来，其中，他母亲肯定也教他颂诗。孔子为什么这么强调"兴于诗"？就是这么一个道理。可惜关于孔子早年的资料现在比较少，太少了，"文献不足征"；但是，这些生活情境，我们是可以去设想、可以去感受的——涉身处地地可以想得到的。我想：我们今天讨论"儒教"的问

---

① 《论语·阳货》。原文："子谓伯鱼曰：'女为《周南》、《召南》矣乎？人而不为《周南》、《召南》，其犹正墙面而立也与！'"

② 《论语·为政》。

题，真正对应于那天我讲的作为大本大源的那么一个观念层级的这么一种教化，就是诗教。这太重要了，而且是首要的。

诗教这么一种教化，和神啊、上帝啊、政治啊、道德啊，都没有关系；首先就是爱的教育——仁爱的教育。这种教育，就是通过吟诗、唱诗，最好是教他写点诗。我想起尼采有一句名言（他的思想我当然不会太在意），这句名言是很诗化的，大意是说：假如我生来不是一个诗人，我如何能够忍受做一个人！这句话说得太有意思了！但是，他的意思的具体内容和我们所说的不同；不过，这样一种表达还是很好的。这是关于诗教的问题，我想强调的是：诗教不是后来人们强调的那些"言之有物"的东西——对象化的、政治化的、道德化的、伦理化的，甚至神学化的、形上学化的东西；诗教和这些都无关，恰恰相反，我们成为那样一种主体性——仁者的挺立、确立——的前提，正是在诗教当中："兴于诗"。所以，我把诗教列为第一，是最重要的，然后才是其他的教化。

2. 形下之教：书教、礼教

我们的"六经"，每一部经典都包含着丰富的、各个层级的内容，这是一方面；但另一方面，每一经都有它的侧重点，有它特别侧重的东西。

（1）书教

比如说《书经》。"书教"是通过历史教育来进行教化。中国的文化传统，特别重视读史。现在这种学科分科有点讨厌，把历史系、文学系、哲学系分开了。我经常和历史系的人讨论。历史系的人特别爱说一句话："六经皆史。"这是章学诚的话。我听着就烦，马上回他一句："二十四史皆经"——皆经之流裔也。对于"六经之教"来讲，我们学圣人之道，"史"只是一种材料，可是实证科学把它看得很高。怎么会这样呢？不论是"七略"还是"四库"，怎么能说就是"史"呢？"七略"里面连"史"都没有。"四库"里面有"史"，也只是做一个辅助的，摆在后面；首先是"经"部，是讲"道"的。"史"这个东西，应该说是我们教化的一个很重要的环节，但不是根本，远远不是。

"书教"具体到《尚书》。当然，后来的"书教"不仅仅是《尚书》了。这个道理大家都是明白的。但是，有一点很明确的：历史的叙述是形而下学，而不是形而上学。这是不用论证的。因此我们可以说：儒家的教化，有一些是形下层次的。要知道中华文明的历史，就读史书吧！"二十四史"读不完，可以读简单一点的。儒家方面，《尚书》第一，《左传》也是要读的。《尚书》不太好读；而且我特别纳闷的是：中国哲学史的教材，基本上很少谈《尚书》。《尚书》里面的"周书"之"周公书"，可以确定的最少是八篇，太重要了，"周孔之道"嘛！怎么就没人专门去做研究呢！我的一个学生的博士论文，就打算做这个研究：这个"周孔之道"是怎么通过"周公书"呈现出来的。研究这个东西，很有意思，但以前几乎成了一个空白，忽略了！怎么会这样呢？孔子都不敢说自己是"作者"，周公才是"作者"。不管怎么讲，通过历史进行教化，那是形下的，不是形上的，更非大本大源的情教，这是肯定的。

（2）礼教

形下层级的教化，除了"书教"，还有"礼教"。"礼教"的内容，就是我昨天讲的那些东西，包括两个方面：第一，如何来进行制度规范的建构；第二，如何将这些制度规范作为我们行为的规范。礼教当然也是一种形下教育，对于我们今天的教育来讲，属于广义的"道德教育"的范畴。

（3）春秋之教

然后就是"春秋之教"。"春秋之教"和"礼教"的关系极其密切，也是形下学的问题，严格来讲，是政治哲学方面的问题。春秋之"大义"，讲"王道"。"王道政治"这两年是很热门的。不管怎么讲，从观念层级上来讲，它主要是讲王者之道在政治层面上的体现，就是尊王道、黜霸道。这也不是形上学，虽然有形上学的根据、根基，但它本身处理的课题不是形上学的问题，而是形下学的问题。我们可以说，"礼教"大致可以对应于今天的"道德教育"，"春秋之教"大致可以对应于今天的"政治教育"。当然，我们今天的"政治教育"的内容和"春秋之教"的内容不同，"春秋之教"是讲"王道"。

当然，"礼教"和"春秋之教"，按照我昨天的讲法——正义论的讲法，这个内容要变一变，"礼有损益"嘛，是要具体地变化的；重要的是我们要探讨不变的永恒原则，就是"春秋大义"——正义原则。我去年写了一篇文章，研究《白虎通义》，就是讲这个道理。过去对《白虎通义》的研究，不管是尊崇它的，还是"文革"以来对它的批判，其着眼点其实都是相同的，就是死死地盯住《白虎通义》制定的那套具体的礼制、礼仪；而我写那篇文章想说的是，这些东西不是《白虎通义》的根本所在，其根本在"通义"的"义"，这才是放之四海而皆准的。[①]

关于这两教，我不详细讲了。我大致的意思是：书教、礼教、春秋之教，在我看来，都属于形下学范畴的东西，当然很重要、非常重要，但是它们都有其侧重点：书教是通过历史进行教化，礼教是——大致可以翻译成——道德教化，春秋之教大致可以翻译成政治教育；它们的内容是不同的，但都是形下的教化。

3. 形上之教：易教——神教、理教

还有形上的。儒家的形上学的教化，在"六经之教"里面主要是"易教"。易教，我按我的理解来讲一下。关于易教，我是这样来理解的：

其实《易》有《易经》、《易传》之分。《易经》和《易传》的性质是完全不同的。《易经》是卜筮之书，既然是筮书，就意味着是神学形上学在支撑着它，有一个超越性存在者，这个超越性存在者也叫"上帝"。"上帝"是中国固有的名目，西方人的"上帝"是翻译问题。占卦是干什么的呢？在生活中遇到了什么问题、疑惑，占一卦，其实就是向神请示，问他怎么做才是对的：无外乎这个观念背景。它是卜筮之书。所以孔子才讲"不占而已"（《论语·子路》），或者像荀子讲"善为易者不占"（《荀子·大略》），那当然是《易传》那样的哲理性发挥了。《易传》是儒家的一套义理系统，这个义理系统里面又设定了一个形而上者，但是不再是神性的。实际上，《易经》是一种"神教"——"神道设教"[②]，它有一个神性形而上者的设定，就是上帝；而《易传》不同，孔子"不占"，晚年"学易"之后，就把它义理化了。这个时候的孔子，昨天我还提到，"夫子之言性与天道，不可得而闻也"[③]；但是戴东原说：不对，夫子所言的"性"与"天道"，就在

① 黄玉顺：《大汉帝国的正义观念及其现代启示——〈白虎通义〉之"义"的诠释》，《齐鲁学刊》2008 年第 6 期；人大复印资料《中国哲学》2009 年第 1 期全文转载。

② 《周易·观象传》。

③ 《论语·公冶长》。

《周易》里面。① 你要知道夫子所言的"性"与"天道"，就读《周易》，主要是《易传》。《易经》成书很早，是周初的；而到了《易传》这个时候，义理也是一种形而上者的建构，是"理教"——义理化的教化，有一个理性的形而上者的设定——哲学上讲的"本体"。

鞠曦先生经常强调"穷理尽性以至于命"。"理"在理学家那里有一个很好的说法：理既是一、也是多，叫做"理一分疏"。就多而言，每一物皆有其理；就一而言，万物之理就是一个。这就犹如"月印万川"，只有一个月亮，但每一水都分有它——唯一的理、形而上的理。所以，就《易传》体现的"理教"来讲，它是指的唯一的"一阴一阳之谓道"② 的至高之理——易道，如何散于万事万物之中、"三才"之中。"三才"已经是道的三种显现了。其实只有一个"道"——"太极"，但叫"易"也行，叫"阴阳"也行。"阴阳"就是"两仪"，但"两仪"不是两个东西："一阴一阳"就是一"道"，它是一个形而上者的设定。当然，这个设定和西方的形而上者有本质的区别：西方的本体设定，基本上是一个绝对实体；而中国的、特别是"易教"、"易理"所反映出来的，是一种纯粹的关系"阴阳"——纯关系结构，这个纯关系结构映射到每个事物当中，每一事物都在这个关系当中。③

所以，"易教"实际上是讲这个道理的。我们今天最要紧的问题，是如何理解这两者（关于神性形而上者的神教、关于理性形而上者的理教）的关系。这是一个很现实的问题，我发现最近很多争论都与这个问题有关。比如鞠曦先生坚决反对把"儒教"理解为 Religion——西方意义的那么一个宗教，就是对应于"理教"这个层面的。但是，易教也有"神教"的层面，有上帝的设定。当然，我们可以说：这个上帝和耶和华那样的上帝很不同，我们如何去聆听上帝的声音、如何心向上帝，跟他们的渠道、程序也不同，我们可以做比较研究；但是有一点还是应该承认的：在易教当中，确有一个层面，它是有明确的神的设定的。我们会发现，历代的国家祭天大典，实际

---

① 戴震：《孟子字义疏证·序》。

② 《周易·系辞上传》。

③ 黄玉顺：《儒家心性论作为伦理学基础是否可能？——以思孟学派为个案》，新加坡儒学研究会《儒家文化》第三期，2004 年。

上都有一定的神的设定。在这个意义上，我会说：李申的《中国儒教史》，不能说它完全错了，只能说它很牵强，把全部的儒教都归结为、比附为西方意义的宗教。这个问题，我们下来再讨论。儒家历史上呈现的任何一种教化方式，我们都把它包容进来，给它们一个秩序，使得以后我们进行教化时都可以借鉴：这样来做，我们的儒教的教化才会更加地有规模、有效。这就是我的主观意图。

特别有意思的是，我外出开会，会碰到国外一些有基督教背景的人，他们会感到很纳闷，跟我讨论：你们中国人居然不信神！从古代开始，士大夫的主流就是不信神的。孔夫子"敬鬼神而远之"①，最多说一个"祭如在，祭神如神在"②。西方人不能理解：他们心灵安顿，活得心安理得，而不会有一种"踏空"的感觉，他们是怎么获得这种"踏实"感的呢？外国人很不能理解，他们整个生命的踏实感是通过宗教获得的。我说的当然不是今天的中国人，今天的中国人，有很多是很没有踏实感的，这个问题不去说它。古代的士大夫，就活得非常地踏实、非常地充实，心安理得，但是他不信神。于是西方人很纳闷：这种踏实感是从哪里来的呢？今天中国人失去了这种踏实感，所以现在各种宗教乘虚而入，很严重，诸位都是很清楚的，教堂啊什么的拔地而起，来势凶猛。这是因为我们自己没有提供一种让人感到踏实的东西，而人有这样的精神上的需要。

其实不仅神教，理教也可以满足这种精神上的需要。最典型的理教就是宋明理学。比如阳明子的教化，最多的时候几千人，全部自带粮食，扎个草棚子住下来，粮食吃完了又回去背一袋来；还不一定能亲自见到阳明呢，那个时候没有麦克风，几千人怎么讲话呢？他的弟子传弟子，大家都想住得离阳明子近一点。这么一种教化方式，阳明子教化什么呢？有一次有一个乡绅说：你来给我们讲讲学吧，但你这次能不能不讲"良知"呢？阳明子回答说："除了良知，还有什么说的?"③ 除了良知，没什么好说的了：不讲良知，还能讲什么呢？这也透露出阳明本人的踏实感的来源；倾听到他的讲

---

① 《论语·雍也》。
② 《论语·八佾》。
③ 王守仁：《寄邹谦之·三·丙戌》。原文："近有乡大夫请某讲学者云：'除却良知，还有什么说得?'某答云：'除却良知，还有什么说得!'"

道，也获得一种踏实感。这种踏实感和上帝无关。

我自己也有这种体会。曾经有人问我：你这个人好像是有敬畏感的，可是怎么没有信仰啊？他所谓"信仰"的意思是信神：你这个人，佛教你也不信，基督教你也不信，我看你活得很踏实啊，为什么呢？确实，道教、佛教、基督教，我是不信的；但我是有敬畏感的。我知道他那个意思：我应该敬畏一个偶像、一个东西，对它叩拜。这样的东西，我没有。我当时是跟他随便聊天，我说：我信良知。他问：良知是什么呢？我回答他说：良知不是什么。我不可能很详细地展开，我告诉他：可以让我们的士大夫活得非常踏实的，这就是良知。我们不是非要搞一个对象性的东西，还要塑金身啊什么的，没必要有那个东西，还是很踏实；甚至可以"视死如归"，如张子所说的："存，吾顺事；没，吾宁也。"① 这是非常坦然的，包括对待死亡问题也是这样。人人都怕死，何以能面对死亡而很坦然？这特别涉及这么两个层面的教化。

神教问题，我记得昨天吃饭的时候也提到这一点：神教的特征，就在于必须有一个神性的超越性存在者。这比较困难——对今天的中国人来讲比较困难。但基督教传入中国来，一般的老百姓比较容易相信这个——上帝啊什么的。记得有一次我碰到一个澳大利亚的神学家，他很感慨：我们在中国传教，最大的阻力、障碍是你们知识分子，油盐不进，不信这个。最容易的是农村的老百姓，一下子就信了；你们的知识分子，不信。我听了很高兴！由此我也比较放心了：我们不可能被随随便便地洗脑，不容易灌输。但最近几年我也发现，高校的大学生信教比较严重。所以我就想这个问题：要应对这个局面，我们儒家有没有必要设置一种神教？我们下午可以讨论一下这个问题。

佛教有很多可以借鉴的地方。其实，佛教本身是无神教。当然，佛教拜的那个裹着金身的菩萨，那是有神论的。但是，"君子以为文，百姓以为神"②，这里有很多区分在里面：佛陀的原始教义是无神的，但竟然有很多信神的人相信他。真正的高僧大德，进入到的是"理教"的层面。基督教

---

① 张载：《西铭》。

② 《荀子·天论》。

里也是这样的。我接触过一个神学家——非常虔诚的基督徒，但他说:《圣经》里的几乎每一句话，我都不相信。他就是这种态度，有点像我们中国人说的"六经，圣人之糟粕也"①，他有点这个意思。但是，你不能否认他是虔诚的基督徒。所以，我们可以这样设想:就像佛教的信仰是有"阶级"的，诸如一阶信仰、二阶信仰等，在《儒教论纲》中，我也特别区分了儒教的初阶信仰、中阶信仰、高阶信仰等。这很有现实意义，特别是面对外来宗教在中国大行其道，我们需要应对它。

4. 溯源之教:乐教②

真正的最高信仰，乃是"乐教"。孔子讲:"兴于诗，立于礼，成于乐。"所以最高的教是乐教。刚才我们说，士大夫活得很踏实，但和神没有关系，因此，理教比神教高，但最高的是乐教。

乐教和诗教的共同特征是情感，但是也有很多不同的地方，这是值得专门探讨的。关于"乐教"我就不用过多地展开讲了，昨天我讲的"中国正义论"已经涉及了。这里只简单说一下:

乐教是在"礼"的"别异"的基础上展开的:"别异"可能导致的是一种对立、甚至是一种冲突，我们必须通过另外一种教化，求得一种"差异和谐"，这就是乐教的基本目的。

至于具体怎么做，古代方式是非常多的，我们今天不一定完全照搬过来，也可以设计一些新的乐教形式，以追求社会和谐、家庭和谐等。我们传统上所说的"乐"是广义的音乐，即是跟艺术联系在一起的。孔子在这个问题上的做法，主要体现在对"诗"之"乐"的一种处理。在孔子那里，这个问题其实有两个方面，我们可以来谈谈:一个是"诗"和"乐"是有区分的，"诗教"和"乐教"也是有区分的;另外一点，《雅》《颂》"乐正"③，就是说，现有的"乐"不一定是"正"的，需要"正"之。我们要追求现代性的和谐、现代性的艺术形式，而现代性的艺术形式和古代的远远

---

① 《资治通鉴》卷七十五。
② 这一节的内容本来是下午补充讲述的，现在移到这里。
③ 《论语·子罕》。原文:"吾自卫反鲁，然后乐正，《雅》《颂》各得其所。"

不同。我们今天的艺术可以表现为不同的形式，比如现在的老百姓日常下了班，就看电视。像我们四川人，往往除了打麻将就是看电视这么一种娱乐方式。今天的儒者要进行"乐教"，一定要研究电视、电影等艺术形式：我们如何通过这样一种"乐"的形式来传达一种"正"的情感、"正"的观念？这是我们要研究的课题。乐教并不是说我们一定要弹一下古筝、琴、瑟，不是那个意思，那是外在的东西。每个时代有它不同的艺术形式，例如唐诗、宋词、元曲等。我们的乐教，根本是要抓住精神实质——"乐正"的问题，或者叫做"《诗》三百，一言以蔽之，曰：思无邪"①。"无邪"也就是"正"的问题。如何把"正"的问题体现到我们当前的艺术形式"乐"上去？这个就是"乐正"的问题。

诗教	情感教育	本源情感显现	
书教	历史教育		
礼教	道德教育	形而下者	
春秋之教	政治教育		
易教	神教	神性形而上者	初阶信仰
	理教	理性形而上者	中阶信仰
乐教	情感教育	本源情感回溯	高阶信仰

还有很多问题我没有讲。比如信仰问题，形下学是不属于信仰层面的问题的，信仰毕竟不是一个形下学问题；但是，信仰也是有不同层级的。

三、儒家神教的超越观念

神教实际上是这么一回事儿：神教的特征在于——西方有一个词transcend 的汉语翻译——"超越"。"超越"这个词，在佛教里面叫做"解脱"。我们汉语的"解放"大致也有这个意思。"超越"实际上不光是理解神学，也是理解包括哲学、形上学的一个很关键的概念。把理教和神教做一

① 《论语·为政》。

个比较，我发现：无论是做哲学形上学还是神学形上学的探讨，每一个个体都是作为一个有限性的存在者，而超越就是他想获得一种无限性，而唯一的无限者就是形而上者。所以，我们致力于形而上的思考，因为无论是理论家还是一般的人，如果没有形而上者，就过得很不踏实，于是人人怕死，年龄越大越焦虑，越关注越不行。孔子讲的"不知老之将至"①，那才是对的；但是不管怎么讲，人还是需要有一个形而上者的支撑。所谓"超越"，就是一个形下的有限的存在者，如何进入一个形上的无限的存在者的存在。有两种路径，就是"理教"和"神教"。

1. 儒家神教的超越者（transcender）

我们先做第一要素的比较。超越必定有一个超越者——寻求超越的那个人。神教和理教的基本区别在于：神教的超越者必须设定灵魂不灭，而儒家理教是不相信这个东西的。我死了，然后我的灵魂怎样怎样：历史上的大儒往往是不相信的，但这是神教的基本设定。

我们面临的现实课题——初阶信仰教化，要做一个神教的基本设定，就必须告诉老百姓：你的灵魂在什么意义上是可以不朽、不灭的。我们容易马上想到的是基督教的不朽：天堂或地狱。这用来劝善是可以的。但我们也可以采用《左传·襄公二十四年》里面讲的"三不朽"②。中国的士大夫就是如此。孔子两次提到"君子疾没世而名不称焉"，这就是"三不朽"当中的意思：孔子本身作为圣人，也是要追求不朽的，但不是基督教意义上的不朽。这一点要让老百姓清楚。我们可以借用马克思早年的一个话语：个体存在和"类存在"。儒家所追求的是个体的存在投入于类存在之中。

怎么投入？有很多方式。比如说，现在各大宗教都有一种形式，就是"义工"。这对于义工本人有好处：生活得很愉快、很充实。在宗教名义下做义工的人，往往都很快乐、非常踏实。不同宗教的做法和讲法不同。比如我们去"布道"，肯定不会像基督教那样说：你如果不怎么样，就会下地狱；你做了什么，就会上天堂。但是，我们也必须要有一套理论来充实，讲

---

① 《论语·述而》。
② 原文："太上有立德，其次有立功，其次有立言，虽久不废，此之谓不朽。"

灵魂如何不朽、个体如何不朽，讲个体如何和形而上的类存在达到同一。

这个道理必须讲清楚。或者可以这样说：对于初阶信仰的老百姓来说，你不能指望他理解你的道理，而只要讲灵魂不朽，让他信仰，就可以达到效果。这其实不涉及理解不理解的问题，谁理解上帝啊？我就不理解上帝。

2. 儒家神教的超越性存在者（transcendency）

再说第二个要素。它和我刚才说的 transcender 那么一个基本设定，我们儒学可以把它们两者结合起来。另外一个设定是什么呢？就是我刚才讲的"形而上者"的设定。

通常神教一定有一个彼岸，有此岸和彼岸的划分。佛家有一个设定，就是"跳出三界外，不在五行中"，可见真正神教意义上的宗教，即使佛教这样的无神教，都要有彼岸的设定。而彼岸就是不朽者、形而上者、绝对者的居所。但我们儒教从来没有这个划分，我们的"道"就在此岸当中，就在现世的人伦日用。对于儒家来讲，如果你要设定一个神教、或者设定一个带有神教意味的东西，如何解决这个问题？在英文里面，transcendency 表达一个在彼岸世界居住的东西。这么一个东西，必须设定。我也经常思考这样的问题：至少你得告诉老百姓有一个什么东西吧！但这对于我们儒家现有的理论资源来说是比较困难的东西。但是也有这么一个东西，老百姓开口就说："天啊！"就是这个"天"。这么一个"天"太了不得啦！"天"有无限解释的可能性。当老百姓说"老天爷"的时候，已经把"天"形上化、位格化了。不光是老百姓，包括在帝王、如周公那里，确实有那么一个神性的超越性存在者——那个"天"在那里。这是非常好的资源！我们要进行"神道设教"，就必须把这个"神"设定起来：这个神不是那个"耶和华"，而是我们的"天"。这就要做很艰苦的资料研究工作，并且是根据我们当下老百姓的生存方式、生存需要、他们现实的精神需求去研究；乃至于其他一些宗教，我们都可以去研究、借鉴，以改造"天"的形象。

在初阶信仰这个层次，任何神教都有这么两个形象，就是超越者、超越性存在者的设定。

3. 儒家神教的超越方式 （way of transcending）

还有第三个问题：超越的方式。比如佛教的超越方式，非常简单：苦、集、灭、道。那种设计非常高明，一步一步是可以做的，很值得我们去学习借鉴。那么，儒教的超越方式——仅仅在神教方面——是一个什么样的方式？我们可能会有种种不同的超越方式，比如"三不朽"就是三种方式；但是，应该有一个共同、统一的模式，必须要设计出统一的步骤——仪式化的东西。宗教信仰就是这个样子，所有宗教都是这个样子的：是有境界的进阶的——有个"段级"。到了最高层级的时候，已经接近"理教"了。佛教真正的高僧大德才不信什么神、菩萨呢！但儒教面对大众的精神需求，可能需要有一个"神道设教"的东西。这首先需要的是专家学者研究历史资源、其他宗教的资源，好好地研究、试验，可以修改，最后达到效果。

神教的成功有两个天然的指标，特别在当今社会。最通俗地说，一对青年男女，他们俩哪天忽然想到：咱们结婚吧！第一个念头就是不假思索地去孔庙而不是其他什么地方；另外一个天然指标：谁家死了人，第一个念头就是不假思索地去孔庙而不是其他什么地方：那就成功了。儒家本身就是要做这个的：养生送死。做不到这一点，其他的都没有意义，你在那里谈"儒教"是没用的：做不到这个地步，其他都是扯淡！

上午我谈了两个方面：一个是我想以一种包容的态度，把我们中国历史上的儒家教化曾经有过的各种形式，尽可能地包容进来，根据我们的理解，给出一个框架、一个系统。这是我的一个基本的想法。第二点，关于这个系统、这个框架的每一个层面、每一个侧面，都提出一些问题。我希望不是我来回答这些问题，有很多问题——特别是很多细节问题，尤其是上午说得比较多的神教问题——我也回答不了，有很多问题我也没想明白。我只是提出问题，然后我们来集思广益、建言献策：我们该怎么办？所以，下午的讨论，我的建议是：我们具体该怎么做？

诚 者 何 罪？

——《〈中庸〉君子论》评议

读了谢文郁教授的《〈中庸〉君子论：困境和出路》一文（以下简称"谢文"），深感有所契合，但同时亦有所不满，故作此文与谢教授商榷。

一、"诚"的"原始情感"性质之揭示

谢文最令我倾心之处，乃是其对《中庸》"诚"观念的"原始情感"性质的认定。谢文指出：

"诚"是《中庸》的核心概念。就字面意义而言，"诚"的意思就是真实地直接地面对自己。这是一种原始的情感倾向，而不是一种主观态度或道德倾向。

本性之善是在诚这种情感中呈现的。

一个人只要能够回到"诚"这种原始情感中，真实地面对自己的生存，那就是君子生活的开始。

"诚"这种情感作为人的认识—生存出发点一旦受到遮蔽，人就不可能按照本性生存。从这个角度出发，"诚"这种情感倾向所引导的生存才是真实无妄的生存状态。

确实，《中庸》以及整个原典儒学是从本真的情感出发的。谢文这种观点与我的"生活儒学"对情感的定位是颇为契合的。① 我愿因此引谢文为同调。

对情感在儒学中的地位的认识，经过一个历史的过程。自从思孟学派建构了儒家形而上学以后，汉儒以来，儒学形成了一种正宗的"性→情"观念架构，意谓：性本情末、性体情用，甚至性善情恶。总之，情感被理解为形而下存在者的一种"感物而动"②、"人心惟危"③ 的存在方式。《中庸》也被后儒加以这样的解读，被纯粹形而上学化。这其实是一种严重的偏颇。直到 21 世纪之初，才由蒙培元先生提出"情感儒学"④，颠覆了这种传统形而上学，指出"人是情感的存在"⑤、儒家哲学原是一种"情感哲学"⑥，这才拨乱反正，回复了原典儒学的情感观念。这些年来人们对郭店楚墓竹简《性自命出》等文献的研究，也印证了蒙培元先生的看法。在这个意义上，我的"生活儒学"的情感论说，是对蒙培元先生思想的"接着讲"，提出儒学的"情→性→情"思想结构（本源的存在→形而上者的存在→形而下者的存在），认为后一"情"才是后儒所说的形而下的存在（道德情感），而前一"情"则是本源性的存在，即是作为大本大源的生活存在的原初显现。因此，谢文对"诚"的"原始情感"性质的肯定，实在是"于我心有戚戚焉"！

今本《中庸》这个文本的特殊性就在于：它处在从原典儒学到后世形而上学儒学的过渡期，因此，其所谓"诚"含有双重义蕴：一方面，《中庸》固然将"诚"设定为作为本体的形而上存在者，即"天下之大本"；但另一方面，《中庸》认为"诚"在本源处其实是本真的情感，甚至就是一些

① 参见黄玉顺以下论著的有关论述：《爱与思——生活儒学的观念》（四川大学出版社 2006 年版）、《面向生活本身的儒学——黄玉顺"生活儒学"自选集》（四川大学出版社 2006 年版）、《儒学与生活——"生活儒学"论稿》（四川大学出版社 2009 年版）、《儒家思想与当代生活——"生活儒学"论集》（光明日报出版社 2009 年版）。

② 朱熹：《诗集传序》。

③ 伪《古文尚书·大禹谟》。

④ 崔发展：《儒家形而上学的颠覆——评蒙培元的"情感儒学"》，原载易小明主编《中国传统哲学与现代化》，中国文史出版社 2007 年版；收入黄玉顺主编《情与理："情感儒学"与"新理学"研究》，中央文献出版社 2008 年版。

⑤ 蒙培元：《人是情感的存在——儒家哲学再阐释》，《社会科学战线》2003 年第 2 期。

⑥ 蒙培元：《情感与理性》，中国社会科学出版社 2002 年版，第 310 页。

生活情绪（喜怒哀乐）。这也正是孟子的思想：一方面，"诚"作为"天之
道"①，就是形而上者的存在，是绝对主体性（本体）落实为相对主体性
（人性）的体现；但另一方面，人性的仁义礼智"四德"作为德性，其实是
渊源于"四端"情感的，首先是"恻隐"、"不忍"的情感②，也就是仁爱
的情感。孟子认为，一方面，人性作为"大体"，乃是"万物皆备于我"的
本体③；但另一方面，这种"大体"须"先立乎其大者"、即是被"立"起
来的，"立"的途径是"思"，"思则得之，不思则不得也"④，此"思"就
是"思诚"⑤、"反身而诚"⑥，即回溯到本真情感，再由这种本真情感"扩
而充之"⑦，以将其确立为本体。这其实是儒家形而上学的建构过程。这与
后儒一上来就设定一个先验的本体，从而遮蔽了情感本源的做法截然不同。
由此看来，谢文的观点是与原典儒学的思想一致的。

但遗憾的是，谢文未能清晰地区分"性"与"情"，而是将"本性"、
"本性之善"与"原始情感"视为一事。他说：

　　《中庸》的"诚"指称的是一种不受内外限制的原始情感倾向，是
"喜怒哀乐之未发"的生存状态。这便是人的生存出发点。……这就是
"天命之性"，是真正的、绝对的善。

这是值得商榷的。在儒家话语中，不论是原典儒学还是后儒，"性"与
"情"都不是一回事。

就原典儒学来看，本源性的"情"并非"性"，也无所谓善恶。孔子重
情，强调对于父母之"爱"⑧、"爱人"⑨ 和"泛爱众"⑩ 的情感，但几乎不

① 《孟子·离娄上》。
② 《孟子·公孙丑上》。
③ 《孟子·尽心上》。
④ 《孟子·告子上》。
⑤ 《孟子·离娄上》。
⑥ 《孟子·尽心上》。
⑦ 《孟子·公孙丑上》。
⑧ 《论语·阳货》。
⑨ 《论语·颜渊》。
⑩ 《论语·学而》。

谈"性"——"夫子之言性与天道，不可得而闻也"[1]。而且，这种情本来
无所谓善恶。例如孔子讲"好德如好色"[2]，可见在他看来，好色之情并不
是恶（当然也不是善）。所以，孟子明确讲："可欲之谓善。"[3] 意思是说：
人有情而随之有欲，在本源处，这种情欲并无所谓善恶；善恶在于"可"
与"不可"之间。例如一个男子见美色而怦然心动，此情并无所谓善恶；
善恶在于他由此而有欲且有行动的时候，视其行动是否符合行为规范、即
"礼"。《中庸》也持这种看法："喜怒哀乐……发而皆中节，谓之和。"喜
怒哀乐之情的发动，本身并无所谓善恶；善恶在于此情之欲导致的行为，是
否"中节"（合礼）。究其原因，道德是形而下层级的事情，而本真情感则
是本源性层级的事情，是前道德的事情。其间的奠基关系乃是：本真情感→
形而上→形而下。谢文将"原始情感"与"本性之善"混同，这是偏颇的。

就后儒来看，"性"与"情"的区分更严格。他们认为"性"是形而
上的，"情"是形而下的；"性"是先验的，"情"是经验的；"性"是至善
的，"情"是可善可恶的。这些都是儒学史上的常识，此不赘述。

谢文的根本问题，在于只有传统形而上学那种思维模式的二级架构：形
而上→形而下、本体→现象、先验→经验、绝对→相对，如此等等。但事实
上 20 世纪的思想前沿已经达到了三级架构，即是两重奠基关系：存在→形
而上者的存在→形而下者的存在。更确切地说，这种三级架构其实是另一种
二级架构，如图：

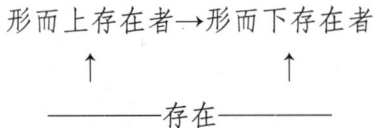

$$形而上存在者 \rightarrow 形而下存在者$$
$$\uparrow \qquad\qquad \uparrow$$
$$———存在———$$

且以海德格尔为例，他说：

---

[1] 《论语·公冶长》。
[2] 《论语·子罕》。
[3] 《孟子·尽心下》。

存在问题的目标不仅在于保障一种使科学成为可能的先天条件，而且也在于保障那使先于任何研究存在者的科学且奠定这种科学的基础的存在论本身成为可能的条件。①

这里：（1）科学是形而下学（关于形而下存在者）；（2）"使科学成为可能的先天条件"是形而上学（关于形而上存在者）或传统存在论，也就是"先于任何研究存在者的科学且奠定这种科学的基础的存在论"。这两者都是关于"存在者"的言说，都是"存在的遗忘"。（3）"使先于任何研究存在者的科学且奠定这种科学的基础的存在论本身成为可能的条件"，则是他的"基础存在论"，也就是他的"生存论分析"，这是关于"存在"本身的言说。这种三级架构就是：基础存在论→传统形而上学存在论→科学。

尽管他的"基础存在论"、"生存论分析"对"存在"的追问未必彻底，但他的基本方向却是正确的：还原到"前轴心期"的更本真的存在视域。② 这种存在视域，在儒家这里就是本源性的情感观念，如图：

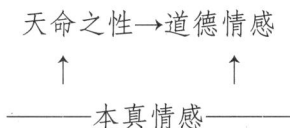

$$天命之性\rightarrow道德情感$$
$$\uparrow\qquad\qquad\uparrow$$
$$———本真情感———$$

所以，在原典儒家那里，本源性的情感既不是形而下的情，更不是形而上的性。

二、"本性之善"与"善观念"的区分

沿着传统的二级架构的思路，谢文区分了"本性之善"与"善观念"：

---

① 海德格尔著，陈嘉映、王庆节译：《存在与时间》，三联书店1999年第2版，第13页。
② 黄玉顺：《形而上学的奠基问题：儒学视域中的海德格尔及其所解释的康德哲学》，《四川大学学报》2004年第2期；人大复印资料《外国哲学》2004年第5期全文转载。

《中庸》区分了两种善,一种是在"诚"中呈现的生存冲动,我称之为"本性之善";一种是在意识中对在"诚"中呈现的生存冲动的概念化,我称之为"善观念"。在《中庸》看来,这两种善的分化是人的生存的显著特征。……在"诚"中的成长过程是"善观念"对"本性之善"之体会、判断和表达的不断完善化过程。这就是修身养性的过程。

我们发现,《中庸》在讨论"诚"这种情感倾向时涉及了两种"善",即:"本性之善"和"善观念"。它们在人的生存中起着完全不同的作用。人在"反身而诚"中体验到的"善"乃是"本性之善"。这种善其实就是人的生存冲动,是人的生存的原始动力。但是,人的生存是在判断和选择中进行的;而判断只能在一定的善观念中进行。因此,从诚出发,也就是从在诚中所体验到的本性之善出发,人必须对它加以判断并选择。这种"择善而固执之者也"的做法,也就是把本性之善进行观念化的过程。从人的意识层次上看,"善观念"是对"本性之善"的判断和命题表达。"本性之善"作为生存冲动是绝对的善;而"善观念"作为对"本性之善"的判断和命题表达则是相对的,可变的,待完善的。《中庸》正是在这一认识的基础上提出通过修身养性而进达天人合一的君子之道,即:顺从本性之善的推动,不断推进善观念的完善,最后达到善观念完全把握本性之善,使这两种善完全统一。这便是天人合一的境界。

应该说,"本性之善"与"善观念"的区分是非常独特的;不仅如此,在某种程度上,这也是与儒家思想一致的。我理解,谢文在这里想说的,其实就是宋明儒学所谈的"本体与功夫"的关系问题:人天生就有善的本性或者本体,这就是宋明儒家的"本体论";但现实的经验生活中的人,却或多或少遮蔽了这种本性本体,这就需要做修养的功夫来回复这种本性本体,这就是宋明儒家的"功夫论"。《中庸》确实也有这层意思。例如说:"修道之谓教";"自诚(而)明,谓之性;自明(而)诚,谓之教"。由明而诚,就是由教化功夫来回复本然的性情。谢文也说:"这是一种修身养性的生存,即对我们的'善观念'不断完善,越来越准确地把握并表达'本性之善'的过程。"

所以，谢文将本性本体称为绝对的"本性之善"，这是没错的，合乎儒学的传统形而上学的说法；而将做功夫的过程中所达到的相对之善称为"善观念"，则是谢文的独特创造。这种独创是有道理的，因为在传统形而上学的"形上→形下"，或者"绝对→相对"的思维框架中，人所能够达到的只是后者，亦即只是具有相对意义的"观念"，而非"绝对观念"（此处是套用黑格尔词语）。

但这也就表明：谢文所表达的确实是一种形而上学的思想。谢文承认：

> 第一条原则（按指"天命之谓性"——引者注）是作为一种预设而提出来的。人的生存总得有个开头；这个开头便是天所命定的本性。很明显，这条预设原则是不可证明的。人的认识，如果要穷根究底的话，至多能接触到自己的本性（天之所命）。因此，人在此时此刻只有接受这个生存现实，即自己的生存本性是给予的，不可选择的。但是，人可以对自己的天命本性有所体验有所认识并进而按照它去生存。这便是所谓的"率性"。

由此可见，谢文在这里仅仅抓住了《中庸》的形而上学建构维度，错失了他本来已经在《中庸》里发现的本真情感存在的维度，陷入了传统的形而上学思维方式。根据本文上节的分析，谢文之所谓"诚"本来是说的"原始情感"，但却被混同于"本性之善"；而"本性之善"与"善观念"的区别，被解释为"绝对"与"相对"的区别，即是一种"本质与现象"、或者"本体与现象"的传统形而上学思考模式。

不仅如此，"本性之善"还被谢文解释为"人的生存冲动"。这显然是带有强烈的西方意志主义哲学、生命哲学色彩的表达方式，恐非《中庸》的情感观念。谢文认为：

> 真实地面对自己（即在诚中），他所看到的生存是赤裸裸的没有修饰的。它只有一个简单的要求：生存延续。这就是"天命之性"，是真正的、绝对的善。面对如此真实的生存，他只能顺从这生存的冲动。这

里，"诚"这种情感被理解为人之生存的根本动力和终极基础。

在"诚"中所表达的本性之善乃是生存冲动本身，因而是一种绝对的善。

读到这里，我感觉是在读叔本华、伯格森，而不是读《中庸》。按照《中庸》以及儒家的思想，情感并不是什么"人的生存冲动"，而首先是"恻隐"、"不忍"的仁爱情感。

我曾谈道："情感包括感触、情绪、感情这么三个层级。……儒家在讲'爱'的时候，不仅仅是讲感情之爱，还有情绪之爱，甚至感触之爱。"①"恻隐"、"不忍"就是感触之爱、情绪之爱。②

关于情绪、感情，拙著曾经谈过：

在《礼记》里面，有两处不同的说法，都是在谈"七情"。一处是《礼运》篇所说的："何谓人情？喜、怒、哀、惧、爱、恶、欲，七者弗学而能。"另一处则是《中庸》篇的说法，不是说"喜、怒、哀、惧"，而是说"喜、怒、哀、乐"。……"七情"当中的"喜、怒、哀、乐"或"喜、怒、哀、惧"都只是情绪，仅仅是情绪，而不是感情。而后面的"爱"和"恶"就是感情了，如孔子说过："唯仁者能好人、能恶人。"（《论语·里仁》）"好"就是"爱"，"好人"就是"爱人"。……③

从情绪向感情的过渡，孔、孟讲得非常清楚：在这么一种爱的情绪当中，生成了这么一种爱的感情。……首先是感触，"今人乍见孺子将入于井"；然后是情绪，"不忍"、"怵惕恻隐之心"；然后才过渡到感情，过渡到爱与恨的感情。当我们对这样的本源情感——用孟子的话来说——"扩而充之"，你就获得了一种发端："四端"——"恻隐之心，仁之端也；羞恶之心，义之端也；辞让之心，礼之端也；是非之心，智

① 黄玉顺：《爱与思——生活儒学的观念》，四川大学出版社2006年版，第75—76页。
② 黄玉顺：《爱与思——生活儒学的观念》，四川大学出版社2006年版，第80页。
③ 黄玉顺：《爱与思——生活儒学的观念》，四川大学出版社2006年版，第78—79页。

之端也"。这里所说的"四端"，后来的形而上学的解释，就是"仁义礼智"这样的"道德原则"。其实，"四端"在这里不仅还不是什么"道德原则"，甚至还谈不上感情。"四端"本身就是情绪，或者从情绪到感情的过渡。但是"四端"作为端点，乃是一切形而上学、形而下学的观念的发端之处。……孟子说：这就犹如"火之始燃，泉之始达"。这就是"源泉混混"（《孟子·离娄下》），就是"源头活水"。我们如果能够随时回到这里，回归本源，就能够像孟子所讲的"左右逢源"（《孟子·离娄下》）。①

当我讲到感触的时候，我说，"见"或者"现"具有优先性；当我谈到情绪的时候，我说，在儒家的观念里，"不忍"、"安"和"不安"这样的情绪样式是最具有优先性的；现在在感情这个层级上，我会说，在儒家这里，爱是具有优先性的，爱是先行于恨的。

这跟舍勒的说法有一致性，但是，儒家跟他的观念的根据不同。舍勒讲"爱的优先性"，讲了两层意思：第一层意思是说，爱作为"情感"，对于"认知"具有优先性；第二层意思是说，"爱"与另外一种感情样式——"恨"比起来，具有优先性。但是，他是以他的那样一种先验现象学的方式、特别是以上帝为保证的人格主义的方式来把握"爱"、来阐释他所说的"爱的优先性"的。② 而在儒家呢？这里没有上帝的位置。上帝本身就是一个存在者，就是绝对主体性；换句话说，上帝本身就是一个被存在本身、生活本身所给出的东西。……在儒家的观念中，爱，作为生活情感，作为大本大源，对于"天"、对于上帝之类的东西也具有优先性。③

但遗憾的是，谢文在"情"与"性"的关系问题上存在着混乱。谢文甚至还说：

---

① 黄玉顺：《爱与思——生活儒学的观念》，四川大学出版社 2006 年版，第 81—82 页。

② 参见舍勒著、倪梁康译《伦理学的形式主义与质料的价值伦理学》，三联书店 2004 年版；《爱与认识》、《基督教的爱理念与当今世界》，林克译、刘小枫选编《舍勒选集》（下），三联书店（上海）1999 年版。

③ 黄玉顺：《爱与思——生活儒学的观念》，四川大学出版社 2006 年版，第 82—83 页。

善观念对于持有者来说有着深刻的情感支持。也就是说，如果我们持定一种善观念，我们在情感上不希望其中有任何差错，即它应该是真正的善。……这就是说，在情感上，我们有把善观念绝对化的倾向。这种情感上的绝对化倾向要求所有的人都能够接受它。当我们向他人传播它，并等到他人的共鸣时，它就上升为共同的善。反过来，作为共同的善，我们对它的情感支持就会得到进一步加强。显然，一种善观念在社群生活中在情感上是相互支持的。随着它在更大的人群中得到共鸣和接受，在更长的历史中不断传承成为传统，它的善性就会不断积淀，乃至于被当作至善。……这是君子走向小人的生存过程。

我不知道谢文在这里讲的"情感"是否是他所说的"原始情感"。若是，那问题就严重了：如果说"原始情感"与"本性之善"是一致的，甚至于就是一回事，而"原始情感"又支持"善观念"、从而造成小人，那岂不是说小人是"本性之善"造成的！

三、"君子困境"与"小人意识"和"罪人意识"的关系

谢文的中心问题乃是：如何才能解决"君子困境"的问题？假如没有"君子困境"问题，谢文的全部讨论也就毫无意义了。因此，这里首先应该讨论：何谓"君子困境"？谢文认为：

在实际生活中，"善观念"常常取替了"本性之善"而成为人的生存唯一出发点。这便是小人的出现。……本文的分析指出，君子和小人只有一步之遥。抹杀两种善的区别，让善观念主导生存，这就是从君子到小人的一步。本文的分析发现，现实生活中存在着各种各样的力量推动人跨过这一步。我们称此为君子困境。

小人作为一种生存状态，其特征是把某种善观念绝对化，使之等同于真理，并以此为标准作为生存判断和选择之根据。

然而这里对"小人"的界定存在着严重的问题。根据本文上节的分析，"善观念"是人们在为回复本体的"本性之善"过程之中做功夫时所达到的善，这种善尽管是相对的，但这毕竟是善，是对善的一种选择与固执，恰恰是试图"发而皆中节"（合礼），这怎么能说是造成小人或君子堕落为小人的原因呢？其实，在这个问题上，《中庸》是有明确的说法的，谢文也曾加以引用：

> 仲尼曰："君子中庸，小人反中庸。"君子之中庸也，君子而时中；小人之中庸也，小人而无忌惮也。
> 君子居易以俟命，小人行险以徼幸。

造成小人的原因，在于人们"行险以徼幸"、"无忌惮"，即恰恰是因为他们违背了"善观念"，而不是因为他们固执"善观念"、以此为"生存的唯一出发点"。

这样一来，谢文所谓"君子困境"也就无法落实了；或者说，"君子困境"其实是谢文的一种虚构。谢文认为："《中庸》没有深入讨论这一困境。"其实，在《中庸》本身，根本就没有所谓"君子困境"的问题。这是谢文自己的问题。谢文实际上由此对《中庸》进行了一种根本否定：

> 问题的严重还在于，《中庸》强调君子对社会的教化功能。……不难指出，君子的社会教化作用在现实中是带领人们走小人之路。

这简直近乎骇人听闻了！而且，这也与谢文所说的"《中庸》的君子论是要引导人们走上君子之道"自相矛盾。或许，这才是谢文想要说的"君子困境"：《中庸》主观上是要带领人们走君子之道，然而客观上却是带领人们走小人之路。若是如此，所谓"君子困境"就不是现实存在的问题，而只是《中庸》这个文本的问题了，是"《中庸》的君子论最后陷入了君子困境"。不仅如此，这个批评不仅指向《中庸》，而且指向整个儒家的"社会教化"，因为按谢文的分析，儒家的教化所能依据的只能是相对的"善观念"，这样一来，儒家的教化也就只能是"带领人们走小人之路"了。但是，我们不能接受这个批评。

然而谢文坚持认为确实现实地存在着被《中庸》所忽视了的"君子困境"，并为此而试图找到一条"脱困"的道路。谢文认为，这条道路就是引入基督教式的"罪人意识"。

但我们立即会产生一个疑惑："罪人意识"的背后是西方基督教宗教意识的观念系统，这与儒家的观念系统能够相互协调吗？谢文试图将这两者加以融通，认为："如果一个人能够在自己的生存中保持'诚'这种原始情感倾向，人就能够直接和自己的'天命之性'同在，并且看见自己的本性之善。"这里，"与天命之性同在"犹如"与上帝同在"，这显然是基督教式的表达，"天命之性"被理解为与"上帝"直接相对应的东西了。我并不否认儒学与基督教之间是存在着可以融通之处的，而且认为这是今天很值得做的工作，所以，我对谢文郁教授的努力是充满期待的；但我并不认为融通的办法就是在儒学中引入"罪人意识"。否则，儒家就沦为一种"转基因"产品了。关于这个问题，我最近有一些讨论。①

"罪人意识"的前提，是基督教的上帝信仰，或者说是基督教神学对"上帝"的设定，这一点是问题的关键所在。谢文也说："在基督教语境里，'罪'指的是'违背神的旨意'。"那么，这是否意味着儒学首先应该引进基督教的"上帝"？谢文复述了亚当、夏娃的"堕落故事"，以说明为什么需要引入上帝：

> 通过这个故事，人的意识发现了这一可能性存在于自己的生存中，即：意识到自己不可能靠自己做好人。
>
> 在基督教看来，罪人需要一种外在的力量来使他摆脱罪的生活。……这个外在力量除了神自己之外，不可能是其他力量。

但这不是儒家的路数。儒家强调的恰恰相反："人能弘道，非道弘人。"② 人就是要靠自己的力量，"靠自己做好人"，而不是依赖"外在的力

---

① 黄玉顺主编：《庚寅"儒教"问题争鸣录》，河南人民出版社 2011 年版。
② 《论语·卫灵公》。

量"。所以孔子"不语怪、力、乱、神"①。这是因为：在儒家看来，我们无法知道是否存在着神、上帝，也就无法知道神旨。故孔子主张"敬鬼神而远之"②，说："未能事人，焉能事鬼?"③ 这也正是谢文所说的："认识神的旨意乃是关键所在。但是，他如何才能够知道神的旨意呢? ……在人的善恶判断中，人仅仅依靠自己的善观念，因而无法知道他的判断选择是否违背神的旨意。"

这就是基督教神学的悖谬之一：一方面，我们应该按照神旨生活；然而另一方面，我们却无法知道神旨。而谢文是这样解决这个悖谬问题的：

> 神的力量进入人的生存是建立在信任情感这一基础之上的。……一般来说，当我们接受一种外在力量的帮助时，我们对这一力量已经有了信任情感。神作为一种外在力量进入人的生存也是建立在信任情感基础上的。信任是一种情感。……基督教关于神的拯救的说法与此类似，即：基督徒在信心中把主权交给神，让神的旨意取替他们的心思意念。于是，神的力量在信心中成为他们的生存力量。

这等于说：我们应该充分相信一个我们并不知道的人或东西，把我们的生活完全交给他或它。这样似乎就能解决所谓"君子困境"问题了。但是，儒家拒绝这种态度。

当然，我并不是说谢文提出"君子困境"这个概念是毫无意义的。在我看来，"君子困境"的意义乃在这里："善观念"总是只具有相对的意义，因而对何为"善"就会产生无休止的争论。谢文指出：

> 在不同的善恶观念的争论中，偏执任何一方都会导致永不休止的争论。换句话说，从一定的善恶观念出发，善恶就永远是相对的。
> 人们只能根据自己的一定之见来论说善恶。当各人所见不 时，就不免有性善性恶的不同说法。如果人们进而对此争论不休，其结果便是

---

① 《论语·述而》。
② 《论语·雍也》。
③ 《论语·先进》。

固执自己的一定之见，阻碍更深入地认识自我本性和进一步率性而动。

这可能确实是一个问题：《中庸》谈到"诚之者，择善而固执之者也"，然而当我们在"择善"的时候，所择之"善"其实永远只是某种相对的"善观念"，而不是绝对的"善"本身。但对这个问题的解决方式，却有两种截然不同的进路：

一种是传统形而上学的进路，谢文所选取的就是这条进路。但我希望上文的分析已经表明：这条进路是行不通的。

然而还有另外一条进路，即认识到：所谓"本性之善"其实只是一种形而上学的先验设定，亦即谢文所说的"预设"。同样，"绝对的'善'本身"这个说法已经带出了强烈的柏拉图主义的意味。所以，我们面对的上述问题其实是可以被消解的：上述问题的提法本身就有问题。真正的问题在于：我们为什么会有这种预设？不同时代的"善观念"为什么会有所不同、甚至相去甚远？这些都是传统形而上学无法解答的问题，我们必须另辟蹊径：回到生活情境。

正如谢文所说："在社会生活中，这些善观念表现为一套道德规范。"这些道德规范，属于儒家所说的"礼"。谢文指出，将"礼"、"善观念"绝对化是很危险的：

> 《中庸》深刻地注意到这种生存方向，以及它给生存带来的危险。这种生存的根本特征是通过赋予某种善观念以绝对性，使之作为自己的生存基础和生存出发点。作为生存判断选择的根据，这种善观念是绝对的。绝对者不需要进一步完善。因此，这种被赋予绝对性的善观念就取得了终极的形式，并引导一种顽固不化拒绝完善的生存。

这就涉及儒家对于"善观念"、"礼"、"道德规范"的态度了。人们对孔子关于"礼"的思想的认识存在着严重的偏颇。一方面，孔子确实重礼，认为"不学礼，无以立"①，主张"克己复礼"、"非礼勿视，非礼勿听，非

---

① 《论语·季氏》。

礼勿言，非礼勿动"①。但是，众所周知，"礼"、"善观念"在各个时代是有所不同的，谢文对此也有充分的论说。那么，我们究竟应该遵守哪个时代的"礼"、"善观念"？这也正是当前一些儒家原教旨主义者的困境。这是因为他们忘记了，或者根本不知道孔子关于"礼"的思想还有另外一个更为根本的方面：礼有损益——社会规范应当随时代而变化。② 于是，我们进入了孔子的社会正义思想的视域：我们之所以要遵守某种规范，是因为我们认为这种规范是正义的。③ 这种"正义感"渊源于特定的生活方式。④

孔子并不认为历史上那些具体的、相对的"礼"、"善观念"是绝对的"本性之善"的一种不充分、不完善的表现，而是认为：它们是按正义原则建构起来的。这就是孔子讲的"义以为质，礼以行之"⑤。在儒家思想中，正义原则包括两条：正当性，适宜性。这是汉语"义"的两个最基本的语义。正当性原则是说：群体生活的秩序规范的建构，是从仁爱出发、超越差等之爱、追求一体之仁的结果；适宜性原则是说：社会规范的建构，必须充分考虑现实具体的生活方式。这里特别重要的是"时"、亦即"时宜"的问题，所以，孟子在谈到孔子乃是圣中之圣、"集大成"者时指出：这是因为孔子乃是"圣之时者"⑥。这里既没有形而上学的位置，更没有上帝的位置。

最后，感谢谢文郁教授给予我这样一个思考的机会。我还想指出的一点是：谢文郁教授的文章最可贵之处、也是其最重要的学术特点在于：不是为学术而学术，而是直面我们自己的人生，解决我们自己生活中所面临的困惑。这正是孔子所倡导的"为己之学"的精神。

① 《论语·颜渊》。
② 《论语·为政》。
③ 黄玉顺：《孔子的正义论》，《中国社会科学院研究生院学报》2010年第2期。
④ 黄玉顺：《孟子正义论新解》，《人文杂志》2009年第5期。
⑤ 《论语·卫灵公》。
⑥ 《孟子·万章下》。

四、儒教问题与当前"儒教"批评

反求诸己：儒者何为

——关于曲阜拟建基督教堂事件的几点思考①

近日，一篇题为《对话世界文明：中国积极参与全球价值观讨论》的新闻报道②（以下简称"该报道"）引起了关注：新华网北京 12 月 9 日电："距离山东曲阜孔庙只有 3 公里的鲁城街道办事处于庄村的一片杨树林中，一座奠基碑安静地站在那里，不久的将来，这个地点将矗立起一座名为圣三一的基督教堂，为曲阜本地及来自世界各地的基督教信徒提供礼拜场所。"12 月 22 日，"中国儒教网"等网站联合发布了 9 位儒家学者的《尊重中华文化圣地，停建曲阜耶教教堂——关于曲阜建造耶教大教堂的意见书》③（以下简称《意见书》），并在网上广泛征集签名支持。于是，"曲阜拟建基督教堂事件"迅速成为网络热点之一。

对于中国来说，外来宗教的传入已不是第一次，其中影响最大的当然就是佛教的传入。佛教在汉代传入，而在唐代发展到鼎盛。唐太宗李世民甚至主动兴建了几座寺庙。可以这么说：佛教在唐代几乎成为了某种意义的"国教"。佛教对中国的影响是广泛深远的。中国儒学在宋代的复兴也与其

① 首发：儒学联合论坛（www. yuandao. com）；载于《庚寅"儒教"问题争鸣录》，河南人民出版社 2011 年版。
② 来源：http://news. xinhuanet. com。
③ 郭齐勇等：《尊重中华文化圣地，停建曲阜耶教教堂——关于曲阜建造耶教大教堂的意见书》，中国儒教网（www. chinarujiao. net）。

能吸收佛学的若干因素有极大的关系。时至今日，汉语中的许多词语都打上了佛教的烙印。但其结果如何呢？中国并未变成印度，中国人并未变成印度人；相反，大乘佛教以及其他某些佛教教派的大本营转移到了中国，这些佛教在很大程度上被中国化，这种佛教成为了中国自己的文化传统之一；同时，儒学继续保持着中国主流文化、甚至国家意识形态的崇高地位。

但是，问题还有另外一面：必须看到，基督教和佛教是很不同的。这里至少存在着三个问题，值得我们加以考较：1. 佛教是一种理性的宗教；2. 佛教是一种和平的宗教；3. 佛教在其传入中国的时候，其背后并没有一个对于中国怀有某种意图的强大国家或者国家集团，相反，其所面对的倒是大唐帝国的强大自信。这才是问题的严重性所在。

因此，本人坚决反对在中国文化圣地曲阜建造基督教教堂。

不过，我在这里想谈的不是"就事论事"，而是《意见书》所涉及的另外一个重大问题。

基督教在中国的大规模传播，使我想起"乘虚而入"这个成语。外来宗教之所以能大规模"而入"，一定存在着这样一种缘由，那就是被传入国自己有"虚"可"趁"。佛教在东汉时传入中国，本来势头并不怎样；而其所以在六朝时获得迅猛发展、并在隋唐时期达到巅峰，乃至中国几乎举国上下信佛，俨然成为一个佛教国家，一个基本的原因，就是汉末以后儒学的相对衰微，以至于需要韩愈等出来发动儒学复兴运动、乃至拼死相搏。这就是说，佛教是趁儒学之"虚"而"入"的。而今日基督教的大规模传入并迅速传播，无疑是趁儒学之"虚"而"入"的历史的一种重演。

儒学在近代以来的中国是如此之"虚"，那是无须赘述的。值得反躬自问的倒是：近年来中国大陆的"儒学复兴运动"似乎轰轰烈烈，"儒教"运动似乎也如火如荼，但实际效果究竟如何呢？恐怕可以打上一个大大的问号。这次曲阜拟建基督教堂事件的发生，本身就是一个象征。这表明——用中医的术语来说——当前的儒学复兴、"儒教"运动恐怕在很大程度上不过是一种"虚火"而已。

其所以如此，必有其原因。历史演变至今日之时代，有一点恐怕是我们必须面对的：无论任何力量，都不能强制人们信什么教、不信什么教。在这个信仰自由的时代，吸引信众不可能依赖任何强制力量、例如政府，而只能是使之心甘情愿、"心悦而诚服之"①。平心而论，你不得不承认：基督教在中国的传播，并没有借助任何强制性的力量，例如政府等等。然而据该报道所述，"基督教徒从新中国成立初期的 70 余万人，增加到目前的 1600 余万人"；"中国基督教会累计印刷发行《圣经》7000 万册，成为世界上年印刷《圣经》最多的教会之一"。《意见书》也承认：过去，外来宗教不曾在曲阜建有任何道场，原因"在于外来宗教未如现今此般炽热，故其受众较少，影响较小"。然而今日之势正好与之相反，基督教在中国的传播相当"炽热"。刚刚过去的基督教平安夜、"圣诞节"的盛况，就很能说明问题。而且，这种趋势可能将会继续下去，没有也不能有任何强制力量加以遏止。

那么，儒学、"儒教"该怎么办？我认为，《意见书》的以下分析，基本方向还是不错的："曲阜建造耶教堂的根本原因，不在于时下耶教在中国的炽热，而在于中华文化主体性的沉沦。'先立乎其大者，则其小者不能夺也。'当务之急，是重建中华文化的主体性，积极采取各种措施，全力复兴中华文化，守护中华民族精神家园，彻底解决当代国人的精神危机问题。若此，就不至于还会出现国人趋奉外来宗教和在中华文化圣地建造外来宗教道场的怪异现象。"这就是说，外来宗教之"入"，乃因儒学自己之"虚"。

但是，《意见书》接下来特别寄希望于依赖"政府"这样的强制力量来"激活"孔庙等传统"儒教道场"的信仰功能，这是本人不敢苟同的。因此，尽管本人同样反对这座教堂的建立，但本人并未在《意见书》上联署签名。

让我们来重温孟子的教导：反求诸己。孟子指出："仁者如射：射者正己而后发；发而不中，不怨胜己者，反求诸己而已矣。"②"行有不得者，皆反求诸己，其身正而天下归之。"③ 如果基督教成为了"胜己者"，那一定是我们"己"出了问题。试想，假如我们去西方传播"儒教"，西方人也会这么趋之若鹜吗？

那么，问题究竟何在？眼下儒学存在的问题多多。比如，儒学自己是否

---

① 《孟子·公孙丑上》。
② 《孟子·公孙丑上》。
③ 《孟子·离娄上》。

能够"与时偕行"、"顺天应人",顺应当今中国人走向现代性生活方式的时代要求?(今天的基督教就是经历了宗教改革的现代性转化的,而不是"原教旨"的。)儒学自己是否能够提供现代中国人、尤其年轻人自觉自愿地接受的价值观念?(经过现代性转化的基督教,就在传播着若干重要的现代的、而不是前现代的价值观念)儒学自己是否能够满足人们的现代中国人的养生送死的需求?(今天正是基督教还在通过接生、受洗、临终关怀、丧葬仪式等等满足着现代人的养生送死的需求)如此等等。一言以蔽之,今日儒学自己是否做到了使现代人心甘情愿、"心悦""诚服"地接受?这才是问题的实质所在。问题之所以如此严重,是因为我们的一些儒者忘记了一个基本的道理:人们的生活不是为儒学而存在的,儒学倒是为人们的生活而存在的。

但愿基督教在中国的传播只是佛教在中国传播之历史的重演而已。呜呼!

2010 年 12 月 26 日

儒家自有教法，不宜效法宗教

——关于当前"儒教"问题的几点看法①

　　我前些日子所发的帖子《关于曲阜拟建基督教堂事件的几点思考》②，引起了一些争议。其中有一个意见，要求我就以下这个问题做出明确的回答：在我看来，假如当前的"儒教"成为正式注册的合法的宗教之一，会对儒家儒学产生哪些后果？其实，我那个帖子的本意不是谈"儒教"问题，而是表明反对在曲阜建基督教堂的态度。但既然如此，我就借这个机会谈谈我对当前"儒教"问题的一些看法吧。

　　进入讨论之前，首先必须澄清一个前提性的关键问题，那就是这里所说的"儒教"、"宗教"的概念问题。尽管有人认为"宗教"乃是汉语古已有之的词语，本来并非现代意义的"宗教"（所谓"现代意义"是说，无论如何，必须看到，当今世界的宗教已经成为了现代性的社会体制中的一个有机组成部分，即已不是前现代意义上的"宗教"）。但无可辩驳的事实是，现代汉语中，人们所普遍使用的"宗教"一词是一个外来词，译自西语"religion"。不仅如此，当前绝大多数"儒教"论者所说的"儒教"也正是这样一种标准的现代意义的宗教。一个最近的例子，就是这次十位学者联名

　　①　首发：儒学联合论坛（www. yuandao. com）；载于《庚寅"儒教"问题争鸣录》，河南人民出版社 2011 年版。
　　②　黄玉顺：《反求诸己：儒者何为——关于曲阜拟建基督教堂事件的几点思考》，儒学联合论坛（www. yuandao. com）。

发表的《关于曲阜建造耶教大教堂的意见书》（以下简称《意见书》），其中明确要求：

> 吾等认为，政府宜尽快承认儒教的合法地位，赋予儒教与佛道回耶等宗教平等的身份，努力培育包括儒教在内的中国各宗教和谐相处的宗教文化生态。当务之急，是激活孔庙（文庙）等传统儒教道场的信仰功能，……①

这份《意见书》整体上是写得较好的，但唯有一点：就其为了达成反对在曲阜建造基督教堂这件事情的目的而言，即便仅仅从策略上考虑，上面所引的那一条也应该删除。进一步说，这其实还不仅仅是策略问题，而是当代儒家儒学的"发展战略"问题。《意见书》是要求政府将"儒教"列为与佛教、道教、回教和基督教具有同等"身份"、享有"平等"地位的五大宗教之一。换句话说，"儒教"论者已经明确了自己的身份认定：所谓"儒教"确实就是与今天的佛教、道教、回教和基督教等性质相同的现代宗教。《意见书》中还有许多表述，都是指向这种现代意义的"宗教"的。除此之外，在其他许多场合下，"儒教"论者还有许多同样性质的言论，这里就不赘述了。所以难怪，今天的中国大众一听到"儒教"就自然而然地想到现代意义的几大宗教。

在这个前提下，我们才能明晰地讨论问题。我的主要看法是：

一、作为宗教的"儒教"并不符合　　汉语"儒教"的本来含义

众所周知，中国历史上的"儒教"概念绝非现代意义上的"宗教"。关于这个问题，学界其实已经讨论得很充分了，本来无须在这里赘言。我在拙文《儒教论纲》里也已经有较为详尽的说明。拙文主要阐明了两层意思：

---

① 郭齐勇等：《尊重中华文化圣地，停建曲阜耶教教堂——关于曲阜建造耶教大教堂的意见书》，中国儒教网（www. chinarujiao. net）。

一方面，确实应当承认，在儒家文化传统中是存在着宗教意义的上帝的，因此，任继愈先生和李申教授那种视儒教为宗教的观点并非毫无根据；但另一方面，儒家文化又确实从孔子始就存在着"不语怪、力、乱、神"（《论语·述而》）的传统，历代士大夫通常并不相信灵魂的不灭和彼岸的神祇，作为人格神的、位格性的上帝在儒家文化中确实并不具有特别根本的意义。①

关于本来意义的"儒教"，《礼记·经解》里已经有一种全面的解说：

> 孔子曰："入其国，其教可知也：其为人也，温柔敦厚，《诗》教也；疏通知远，《书》教也；广博易良，《乐》教也；洁净精微，《易》教也；恭俭庄敬，《礼》教也；属辞比事，《春秋》教也。"故《诗》之失，愚；《书》之失，诬；《乐》之失，奢；《易》之失，贼；《礼》之失，烦；《春秋》之失，乱。其为人也：温柔敦厚而不愚，则深于《诗》者也；疏通知远而不诬，则深于《书》者也；广博易良而不奢，则深于《乐》者也；洁净精微而不贼，则深于《易》者也；恭俭庄敬而不烦，则深于《礼》者也；属辞比事而不乱，则深于《春秋》者也。②

这就是说，作为教化的"儒教"就是"六经之教"。在这"六教"之中："诗教"指本源性的情感教化；"书教"、"礼教"和"春秋教"主要指"形而下者"层级上的教化（三者之间的区别可另分析）；"易教"主要指"形而上者"层级上的教化；"乐教"指溯源性的情感教化。这正是孔子所说"兴于诗，立于礼，成于乐"③ 这个总纲领的具体化。其中"易教"包括：关乎神性形而上者的"神教"，例如《周易》"神道设教"④ 的教化；

---

① 黄玉顺：《儒教论纲：儒家之仁爱、信仰、教化及宗教观念》，中国人民大学孔子研究院《儒学评论》第五辑，河北大学出版社 2009 年版。
② 《礼记》，《十三经注疏·礼记正义》，中华书局 1980 年影印本。
③ 《论语·泰伯》。
④ 《周易·观象传》。值得注意的是，《易》所谓"神道"本来并非现代意义上的宗教。

关乎理性形而上者的"理教",例如宋明理学的"天理"教化。这些不同的教化内容,亦各有其不同的教化形式。由此可见,"儒教"的丰富含义远非现代意义的所谓"宗教"可以概括的。

然而目前的"儒教"论者完全把原来的"儒教"概念狭义化了,变成了现代意义的"宗教"概念。过去西方人将"儒教"视为与"儒家"、"儒学"相同的概念,都译为"Confucianism",这其实是没错的、合乎实际的;不过,今天他们似乎应该将"儒教"翻译为"Confucian Religion"(儒家宗教)了,因为这是今日"儒教"论者自己做出的身份认同。

问题不止于此,对于"儒教"概念的理解还涉及中西文化之间的本质差异问题。梁漱溟先生曾指出:

> 以我所见,宗教问题实为中西文化的分水岭。中国古代社会与希腊罗马古代社会,彼此原都不相远的。但西洋继此而有之文化发展,则以宗教若基督教者作中心;中国却以非宗教的周孔教化作中心。后此两方社会构造演化不同,悉决于此。周孔教化"极高明而道中庸",于宗法社会的生活无所骤变(所改不骤),而润泽以礼文,提高其精神。中国遂渐以转进于伦理本位,而家族家庭生活乃延续于后。西洋则由基督教转向大团体生活,而家庭以轻,家族以裂,此其大较也。①

梁先生的说法虽然未必是全面准确的,但他将宗教问题视为"中西文化的分水岭"这一点,确实是一种深刻的观察:自中世纪以来,基督教是西方文化的中心(或者"二希"两个中心之一),此中心是宗教性的;儒学是中国文化的中心,而此中心则是"非宗教的"。儒学传统中固然有宗教的层面,但却不是"中心",而是"边缘"。

然而当前的"儒教"论者在竭力将儒家儒学"打造"成一种现代宗教意义的"儒教"的时候,在很大程度上,其自觉或不自觉的"技术标准"其实主要的恰恰是基督教的宗教标准,这恐怕是一个不能不承认的事实。这种"你们有什么,咱们同样有什么"的心态由来已久。那么,这是不是一

---

① 梁漱溟:《中国文化要义》第三章,二、中西文化的分水岭,学林出版社 1987 年版。

种"文化自宫"姑且不说，至少也是一件非常吊诡的事情。

二、作为宗教的"儒教"将使儒家儒学
丧失许多方面的作用

假如"儒教"成为现代意义的宗教之一，将会带来怎样的始料不及的后果？

其实，中国现代历史上的"孔教"运动等儒学宗教化运动的后果已经摆在那里了：这些儒学宗教化运动不仅总是不成功的，而且带给儒家儒学的种种负面后果也是众所周知的。这里我特别想指出的一点是：这种宗教化运动往往寻求某种政治势力的支持、政府权力的干预，而这一点带给儒家儒学的伤害尤为深重。

当然，以上只是历史现象的观察，未必能够充分地说明问题。这里尚需一种更为深入的分析。为了讨论的方便，我这里采取《大学》的"内圣—外王"、或曰"明德—亲民"、或曰"格致诚正—修齐治平"的分析框架。作为现代宗教的"儒教"，将使儒家儒学在这两个基本方面丧失许多功能：

1. "内圣"功能的部分丧失

应当承认，假如"儒教"成为了一个合法的现代宗教，其在"内圣"方面可能确实是可以做一些事情的，这些事情可能在一定程度上将有助于人们的"安身立命"。今天的佛教、基督教其实都在做这样的事情。我过去之所以从来不公开反对建立现代"儒教"，这就是重要原因之一。但必须引起注意的是：这样的宗教导向，将使人们的"内圣"工夫完全指向"上帝"——即便我们可以强调这是"中国的上帝"，然而在现代意义的宗教语境下，公众的认定恐怕是不以我们的主观意志为转移的。这就是我非常担忧的：本来，儒家儒学的"内圣"、"修身明德"、"天理良心"、"仁爱"对一切人，包括那些不信上帝的中国人、不信中国上帝的西方人，都是开放的和有效的；而现在这样一来，那些不信上帝的中国人、不信中国上帝的西方人，自然也就拒斥儒家儒学了。这是一个合乎逻辑的、完全可以预料的后果。

还有一点应该顺便指出：如上所说，我们事实上是在自觉或不自觉地以基督教为宗教标准，这就意味着：我们其实是在遵循别人制定的"游戏规则"，并企图在这种自己并不熟悉、并不适宜的规则下去"竞争"，这是以己之短较人之长，其结果是可想而知的。

2. "外王"功能的全部丧失

进一步说，对于儒家儒学来说，"内圣"从来不是最终目的。儒家儒学从来就不是只关心一己的心灵安顿的"自了汉"，而是群体生存秩序的创建者。儒家儒学的最终目标乃是"外王"，就是"亲民"、"修齐治平"，包括正义的社会规范、正义的社会制度的建构。

我们注意到，目前已有一批儒者在从事这个方面的工作，可称之为广义的"政治儒学"，这是一种可喜的现象。政治儒学很可能会成为下一个十年里儒家儒学的主潮、最重要的研究方向。鉴于中国的情势，儒家儒学应该在这方面做好充分的准备。但是，众所周知，在现代社会中，"政教分离"乃是一个基本的原则。这个原则决不是现代"儒教"可以单方面一相情愿地改变的。于是，面对这个原则，作为现代宗教的"儒教"只会陷入以下这种二者必居其一的困境：要么违背这个现代原则，那就只得从"外王"的领域中自我放逐；要么承认这个原则，那就只得自我设限、画地为牢，绝无"外王"可言。这是一种令人深感不安的前景。

这种"政教分离"不仅仅指政治领域，还涉及其他许多领域。举例来说，其中一个非常重要的领域，就是学校、尤其大学。根据这个原则，现代大学可以允许客观地研究宗教和宗教史，然而决不允许学校的讲堂成为任何宗教的传教"道场"。这就意味着：作为现代宗教之一的"儒教"也必须从学校、大学退出。我们至多只能在大学里客观地研究儒学和儒学史，而这一点正是令人深感不满的学院"儒学"现状。

有儒者提出：作为宗教的"儒教"的建立，并不会妨碍儒家儒学的其他形式的功能发挥。这其实不过是一相情愿而已。只要与佛教、道教和基督教一样的、作为现代宗教的"儒教"建立起来，那么，这样自我"定位"的结果，儒家儒学的性质就会在大众心目中有一个"定格"：这是一个宗教。既是宗教，就得遵循现代社会对于宗教的种种限制，这是毫无疑问的。

此外，建立现代宗教意义的"儒教"还会带来一些严重问题，鉴于大家可能明白的某种原因，就不多谈了。总之，建立现代宗教意义的"儒教"是不明智的。孔子说过："务民之义，敬鬼神而远之，可谓知矣。"①

所以，在我看来，儒家儒学今日所当追求的目标不是变成宗教、甚至不是成为"国教"，而是成为真正意义的"国学"——当然不是目前国学院"文史哲"那样的"国学"，而是 the National Doctrine。这个问题，我将另文专门讨论。

三、儒家儒学固有的宗教功能不必
而且不宜采取宗教的形式

上文谈到，儒家儒学在一定的观念层级上确实具有"宗教性"，或者说确实发挥着宗教的某些功能。但是，尽管如此，儒家儒学的这种"宗教性"并不是通过佛教、道教、回教和基督教那样的宗教形式表现出来的。儒家儒学在历史上发挥宗教功能的最基本的形式及其场所，主要还是太学、乡学、书院乃至私塾等等教育机构，然而这些教育机构绝非所谓"宗教道场"。儒家儒学固有的宗教功能的发挥，不必、而且不宜采取宗教的形式。

我举一个大家比较熟悉的例子，就是书院。我们知道，历史上的儒家书院是研习、传播儒学、培育儒家人才的一种非常重要的形式；然而谁都知道，儒家书院的出现尽管与佛教有一定关系，然而绝非寺庙那样的"宗教道场"。谁会认为宋代的三大书院——岳麓书院、白鹿洞书院、嵩阳书院是"宗教道场"呢？书院就是通过讲习活动"修身""明德"，以待"致仕""亲民"而已。近年来，中国大陆各种形式的书院纷纷建立起来，已成为当代儒家儒学存在的一种非常重要、颇为有效的形式。

当然，我们确实应该积极争取各地的孔庙、文庙的恢复重建，甚至可以争取新建一些孔庙、文庙。但是，中国历史上的孔庙、文庙也绝非所谓"宗教道场"。固然，孔庙、文庙的活动有一些看起来像是宗教仪式的礼仪，但是这里存在着一种误会，以为凡有仪式、礼仪的就是宗教活动。其实，礼

---

① 《论语·雍也》。

仪乃是礼制（社会规范、社会制度）的外在表现形式，但凡群体活动，必有制度规范，亦必有其仪式表现。

就目前来看，我以为最好的形式还是书院。但是与此同时，我们决不可以从现代教育体制（大学、中学、小学甚至于幼儿园）中自我放逐、自暴自弃，尽管这些教育体制存在着许多问题。事实上，这些年来，我们许多儒者都在利用大学、中学、小学甚至幼儿园传播儒家儒学，并取得了相当的实效：我们今天的这些儒者，几乎都是在这种教育体制中成长起来的，许多人都是这种教育体制下的硕士生、博士生。

这里的一个根本问题就是：我们决不可能脱离"现代"，正如我们不可能揪着自己的头发而离开地球。即便是建立"儒教"，也必定是在附属于现代性社会体制的现代宗教体制之中存在，例如《意见书》所希望的政府承认、正式注册等等；即便纷纷出现的各种书院，也总是在某种现代体制之中，例如公立学校、私立学校等等。更深层的问题是：反思现代性决不意味着不要现代性。其实，后现代主义也是现代性的一种表现形式而已，而不是回到前现代社会。进一步说，这里还涉及干春松教授所提出的"儒家的制度化"、"制度的儒家化"的问题：儒家儒学与现代社会制度规范之间有什么关系、或者说应该建立起什么关系？这是值得我们深思的。

以上就是我对当前"儒教"问题的几点看法。或许主张建立"儒教"的朋友能够以"摆事实、讲道理"的方式说服我改变看法？

附录：

黄玉顺的一个后续跟帖

看来，由于曲阜拟建教堂事件，有一点已明晰起来：当代儒家有两大派：儒教派（school of Confucian religion）、儒学派（school of Confucian doctrine）。两派一致反对在曲阜建基督教堂，但具体的反对理由却有所不同。　"儒教派"认为儒家儒学（Confucianism）本质上是一种宗教（religion），因而致力于建立一种现代宗教意义的"儒教"、甚至成为"国教"；"儒学派"认为儒家儒学（Confucianism）本质上是一套完备整全的思想、理论、学说（theory or doctrine）（并非宗教意义的教义教条），因而致力于建构一种现代形态的"儒学"（儒家学说）、甚至成为某种形式的国家意识形态。或许，这两大派的合力才是当代儒家的完整面貌。

再论当前“儒教”问题

——对陈勇先生回应之回应①

拙文《儒家自有教法，不宜效法宗教——关于当前“儒教”问题的几点看法》② 发表以后，得到了一些儒家学者的支持，我对此表示衷心感谢；同时也有一些儒者提出异议、反驳，我同样表示由衷感谢，因为这样严肃认真的讨论是对儒家儒学的事业有益的。在这些反驳中，陈勇先生的文章《儒教宗教化，此正其时——对黄玉顺教授关于儒教看法的回应》③（以下简称“陈文”）是最有代表性的，因此，我在此做出正式的回应。

陈文提出的反驳，涉及以下两大方面的问题：

一、关于“宗教”“儒教”概念问题

其实，陈文的标题中“儒教宗教化”这个表达，本身等于已经承认了儒家儒学本来不是什么宗教，所以现在才需要“宗教化”，即：使之变

---

① 首发：儒学联合论坛（www. yuandao. com）；载于《庚寅“儒教”问题争鸣录》，河南人民出版社2011年版。

② 黄玉顺：《儒家自有教法，不宜效法宗教——关于当前“儒教”问题的几点看法》，儒学联合论坛（www. yuandao. com）。

③ 陈勇：《儒教宗教化，此正其时——对黄玉顺教授关于儒教看法的回应》，儒学联合论坛（www. yuandao. com）。

"化"成宗教；不仅如此，而且是要"化"成基督教模式的宗教，亦即陈文所说的："当然这个现代性转化，在很大程度上仍要参照西方的模式，具体就是基督教的现代转化模式。"为此，陈文提出：

> 虽然古汉语中的宗教这一原初概念与作为外来词的现代意义上的宗教存在着意义上的分歧，黄教授并没有对宗教这一现代概念的合法性提出质疑，而是默认它的存在并纯熟地运用于他的学理讨论中。但在谈到儒教这个概念时，他却用其现代意义不符合其本来含义为由而拒绝承认其学理上的合法性，拒绝承认儒教这个概念也有由前现代意义向现代意义转化的可能性，我不知道这其中的内在逻辑是什么。

陈文提出的"我不知道这其中的内在逻辑是什么"这个问题，也正是我想向陈文提出的问题。因为，陈文在这里一开始就承认了："古汉语中的宗教这一原初概念与作为外来词的现代意义上的宗教存在着意义上的分歧。"这正是拙文阐明的观点之一：古汉语中的"宗教"与现代汉语中作为外来词的"宗教"是不同的。既然如此，这还有什么可争论的呢？原来，陈文是批评我：还"没有对宗教这一现代概念的合法性提出质疑"，就"用其现代意义不符合其本来含义为由而拒绝承认其学理上的合法性，拒绝承认儒教这个概念也有由前现代意义向现代意义转化的可能性"。我实在看不出这里存在着什么逻辑关系：陈文的意思，如果不对"宗教这一现代概念的合法性"提出质疑，就不能不承认"儒教这个概念也有由前现代意义向现代意义转化的可能性"。这是怎样的"逻辑"啊！我实在不明白。不仅如此，说实话，陈文提出的"宗教这一现代概念的合法性"这个说法，令我感到非常奇怪，反正我是想不出这样的问题来的。

陈文接下来就考察"儒教"这个词语的含义。陈文的考察方式，同样使我感到奇怪甚至"窃喜"，因为仔细看起来，陈文似乎正是在替拙文的观点做佐证：首先，陈文引述了《史记·游侠列传》、《晋书·宣帝纪》的材料，并且承认：其中所谓"儒教""与现代意义上作为宗教的儒教有很大的区别"。然后，陈文就谈到康有为的"孔教"，并且特别指出："康氏这里所用的儒教概念是刻意比照了基督教的创教和传教模式而来的。"换句话说，康有为的"孔教"并不是中国固有的"儒教"。（我想顺便指出：这也是康有为失败的原因之一）再接下来，陈文又谈到任继愈重新使用了"儒教"这个概念，并且以赞许的口吻说："他对儒教这个概念在学理上的合法性是没有疑问的，而且即便那些反对儒教论的学者也并没有反对使用儒教这个概念本身。"这个赞许其实并不符合实际情况，事实上，这些年来，"儒教"这个概念一直在争议之中。最后，陈文抬出了何光沪对"儒教"概念的定义。且不说这种以某个人的定义来作为标准的讨论方式是否有足够的说服力，即便是何光沪的定义，也恰恰不能证明陈文的观点，倒是更接近于拙文的看法：

> 我所谓儒教，非指儒学或儒家之整体，而是指殷周以来绵延三千年的中国原生宗教，即以天地信仰为核心，包括上帝观念、天命体验、祭祀活动和相应制度，以儒生为社会中坚，以儒学中相关内容为理论表现的那么一种宗教体系。①

陈文说："何光沪的这个定义还是比较到位的。"我也很乐意这么说，因为：其一，何光沪首先申明了那是"我所谓儒教"，这就是说，他本人并不以为他所说的"儒教"概念是可以获得普遍承认的用法；其二，他明确指出，儒教"非指儒学或儒家之整体"，这也正是拙文的观点，即尽管儒家儒学有其宗教性的层面，但远不是现代宗教意义的"儒教"所能概括的；其三，陈文表示赞同何光沪的一种认识：其所谓"儒教"其实仅仅"与儒学中的'相关内容'相关联"。这也正是拙文的观点。所以我感觉陈文是在为拙文提供佐证，这是很有意思的。

陈文随后认为："黄教授的问题在于，一方面承认宗教概念的现代转化，另一方面却拒绝承认儒教概念也存在同样的可能性和操作性。"恕我笨拙，我仍然看不出这里的逻辑关联。陈文的逻辑就是：因为 A 可转化为 B，所以 C 可转化为 D。举例来说：因为毛虫可以变为蝴蝶，所以雄狮可以变为

---

① 何光沪：《中国文化的根与花：谈儒学的返本与开新》，见《原道》第 2 辑，团结出版社 1995 年版。又见任继愈《儒教问题争论集》，宗教文化出版社 2000 年版。

青蛙。这是什么逻辑推理？我不明白。

再者，"儒教"、儒家儒学当然存在着从前现代向现代性的转化，而且·这也正是当今一批儒者、包括本人正在从事的工作；但这与"转化成什么样的东西"显然并不是同一个问题，两者仍然没有逻辑关系。陈文在这里是偷换了论题。就"转化为什么"这个问题而论，目前的情况就是："儒教派"要把儒家儒学转化为一种现代意义的宗教，"儒学派"要把儒家儒学转化成某种意义的"国家意识形态"（the National Doctrine）。

这就涉及陈文对拙文的另外一个批评：

> 黄教授认为儒家儒学今后追求的目标是成为真正意义的"国学"而不是宗教，他特意用了 the National Doctrine 来表明"国学"的具体含义。但是这个翻译是不准确的，doctrine 在这里明显带有意识形态的含义，the National Doctrine 直白翻译过来就是"国家意识形态"的意思，与"国教"相去不远，我想这未必是黄教授的本意。

但我想说的却是：这正是"黄教授的本意"；然而这种"国家意识形态"绝不等于陈文所谓"国教"。关于这个问题，我曾专文论及：

> 我们相信，当代中国，儒学仍然可以成为某种"国家意识形态"①。……这是因为，现代国家意识形态存在着两种表现形式、或者说是两种实现途径：一种是刚性的、政治化的国家意识形态，比如说宗教性的"国教"、或者非宗教性的官方思想体系，成为国家政治生活的一个根本的规范性、指导性的部分；而另一种是柔性的、社会化的国家意识形态，这实际上就是一个民族国家的基本的价值观念体系，它渗透在社会生活的方方面面，在大众媒介中受到正面的倡导、宣传、传播。作为现代民族国家的"国家"远不等于"政治"，更不等于"政府"，

----

① 这里所说的"国家意识形态"并非路易·阿尔都塞（Louis Althusser）所谓"意识形态国家机器"（Ideological State Apparatuses），而是一个现代民族国家的统一的价值观念体系。所谓"意识形态"（ideology）或译"观念形态"，并无褒贬的意义，不过是说的在一定载体形式中的一种精神生活形态。

而是指的一个社会生活共同体，这个共同体中既有"政治国家"，也有
"公民社会"。儒学作为现代中国的国家意识形态，恐怕不大可能成为
一种刚性的政治国家的国家意识形态，但却应该、而且必将成为一种柔
性的公民社会的国家意识形态。

不仅如此，这两种形式的国家意识形态之间并不是平起平坐、平分
秋色的；正如公民社会是政治国家的基础，社会化的国家意识形态乃是
政治化的国家意识形态的基础。儒学作为现代中国的公民社会的基本的
意识形态，将为现代中国的政治国家的规范建构及其制度安排提供价值
观的支撑、正义论的指导。①

我的意思是：儒家儒学的现代转化，就是重新成为我们这个民族国家的
"基本的价值观念体系"，但并不是"刚性的政治国家的国家意识形态"，而
是"柔性的公民社会的国家意识形态"。

二、作为现代宗教的儒教可能带来的负面后果问题

陈文首先提到：

在政教分离已经成为现代社会的基本原则的前提下，儒教不应该也
不可能再去攀附政治权势以自重。孔教在印度尼西亚成为与伊斯兰教、
佛教和基督教等并列的合法宗教，以及在香港被承认为六大宗教之一，
就是儒教通过民间发展的一个极好例证，也主要归功于当年康有为和陈
焕章辈的孔教运动。特别是在印尼，孔教已经成为华侨华人文化身份认
同的最重要因素之一。

这里仍然存在着逻辑的断裂：我们无法从"不应该也不可能再去攀附
政治权势以自重"推论出儒家儒学应该成为康有为和陈焕章、香港、印尼
的"孔教"那样的宗教。而且，姑且不谈当年康有为和陈焕章辈的孔教运

---

① 黄玉顺：《儒学与中国之命运——纪念五四运动 90 周年》，《学术界》2009 年第 3 期。

再论当前"儒教"问题 161

动，陈文自己对其也持一种清醒的批评立场，认为"这是在当时深重的内忧外患的情况下的仓皇举措"；但就当代儒家儒学的发展目标来说，难道就是要获得像香港孔教、印尼孔教那么一种地位吗？这就让我想起孔子的教导："人能弘道，非道弘人。"王肃注曰："才大者，道随大；才小者，道随小。"

这就说到了我所提出的"内圣—外王"功能的丧失问题。

1. "内圣"方面

陈文引述、并且承认了拙文所说的观点："作为人格神的、位格性的上帝在儒家文化中确实并不具有特别根本的意义。"既然如此，合乎逻辑的结论就应该是：将儒家儒学"宗教化"的结果显然就不再是儒家儒学了。陈文承认："在传统社会，儒教是一个无所不包、无所不能的整全性系统"；然而，"正如黄玉顺教授所言，佛教、道教、回教和基督教等现代宗教，都是在现代性的条件下建构出来的，与其原初的面貌相比都有了很大的转变"。这意思似乎就是说：在现代性条件下建构出来的"儒教"，应不再是"一个无所不包、无所不能的整全性系统"。这种合乎逻辑的结论，正是拙文想要表达的一种忧虑。

然而陈文为了避免逻辑上的混乱，采取了这样一种"论证"理由："用宗教概念来定义儒教并非是要揭示儒教的'实质'是什么。"这等于说：咱们不要在理论上讨论"儒教"的实质是什么，只管去做、去建立"儒教"就行了，只需要考虑"方便性和实用性"。这其实是回避问题而已。

为此，陈文特意引证了一个"逻辑学家"理查德·罗宾逊的说法：任何定义本身并不包含真理价值，而只是提供概念上的工具实用性。[①] 且不说这种引证是否能够满足"充足理由律"的要求，陈文据此而对拙文提出的批评也是令人惊讶的："其对于宗教概念的认识仍然停留在实质主义的阶段，也就是认为宗教这个概念本身一定要揭示某种真理，某种实质，一旦某种社会文化现象被认定为宗教，它也必然反映相应的真理或实质。"显然，陈文是用工具主义、实用主义的态度来反对所谓"实质主义"，实质上就是

---

① Richard Robinson, Definition, Oxford：Oxford University Press, 1968, p. 5.

承认：试图建立现代宗教意义的"儒教"，其实并无任何真理性、实质性，只是一种"实用工具"而已。这岂不是成了一种"自供状"了吗？

这里顺便指出一点：陈文的思想方法显然包括两个方面：一方面正是陈文自己所批评的"科学主义"，而且是典型的西方的科学主义。陈文认为："关于儒教的宗教性特征和宗教功能，这是一个社会学和人类学的命题"；"宗教的定义和理论，与其他社会科学的方法论一样，是在大量数据信息的基础上归纳总结出来的"；如此等等。这就是说，"儒教"的建构，所依赖的是某些特定的"社会科学"。另一方面，陈文的思想方法则是拙文已经指出的西方宗教背景。陈文坦陈：从中国传统的儒家儒学，到作为现代宗教的"儒教"，"这个现代性转化，在很大程度上仍要参照西方的模式，具体就是基督教的现代转化模式"。这也正是拙文已经指出的一点：当前所谓"儒教"是仿照西方基督教的模式构造出来的一种现代宗教。所以我们才要问：这还是中国的儒家儒学吗？

2. "外王"方面

陈文宣称："在现代社会，只有建立儒教组织，才能有从事'外王'活动的基础。"我仍然不明白这是什么逻辑，具有什么理论根据、事实依据。我只能归之于独断。且以现代社会的政治为例，难道只有建立宗教组织，才能从事政治活动吗？这岂不正与陈文也承认的"政教分离"原则自相矛盾吗？陈文承认："儒教宗教化以后，当然要遵循政教分离的原则。"于是，显然，陈文再次陷入了逻辑混乱。

有意思的是，陈文又引证了余英时的观点：近代西方文化对儒家的挑战主要不在"形而上"而在"形而下"的领域之内，这个形而下层面包括了社会、政治、经济、伦理、法律等等方面。[①] 这里且不谈余英时的看法是否新颖正确（究其实质，余英时这个观点不过是近代"中体西用"观点的另外一种表述而已），即便承认这个观点，也使陈文再次陷入了逻辑混乱，因为这里提到的"社会、政治、经济、伦理、法律等"形而下领域远非宗教范畴。可能是意识到了这个问题，陈文又补充说："毋庸置疑的是，在现代

---

① 余英时：《现代儒学论·序》，上海人民出版社 2000 年版。

社会，宗教的组织和建制也正是余英时所指的形而下领域的一部分。"换句话说，陈文等于是在这里宣告：我们建立的作为宗教的"儒教"只考虑形而下的问题，不考虑形而上的问题。但我仍要对此"毋庸置疑"的说法提出质疑：宗教不考虑形而上的问题吗？

陈文又采取了另一种补救办法，就是指出："没有组织，法律地位、教产、传道权统统无从谈起，'外王'几乎全失。"但我们注意到，这里又是一个逻辑错误：偷换概念——把"宗教组织"偷换成了"组织"。"组织"（organization）乃是一个极为宽泛的概念，举凡政党、政府、企业、学校、社团等等都是组织。儒家儒学当然是有某种"组织"的，我在拙文的最后部分特别强调的儒家学院，就是一种组织形式，这种组织形式本身又有若干不同的具体组织形式。陈文也承认："正如黄教授所指出，大陆近年来各种形式的书院纷纷建立，成为当代儒家儒学存在的一种非常重要、颇为有效的形式。"

不仅如此，现代大学也是一种组织形式。这种组织形式尽管不是儒家儒学的组织，但事实上我们可以利用这种组织来研究和传播儒学。……

最后我想说的是：尽管陈文给我的印象就是充满了逻辑混乱，但我觉得作者的那种诚恳的、力求"摆事实、讲道理"的态度还是值得赞赏的。为此，我要再次表示感谢。

2011 年 1 月 9 日

就当前"儒教"问题致陈勇先生①

陈勇先生:

你好！近日的彼此商榷，令我获益匪浅。你新发布的《"基督教转化模式"非"基督教模式"——对黄玉顺教授就儒教问题再回应》一文②，作为对拙文《再论当前儒教问题——对陈勇先生回应之回应》③的再回应，我感到有一些问题还可讨论。

首先，我想把一位我不认识的、署名"红之竹"的网友的跟帖转在这里，我觉得该跟帖说得颇有道理，值得参考:

> 他说的没错，你确实有点逻辑混乱，说得前言不搭后语。
> 首先，你说使用"儒教宗教化"这个概念，"本意就是要超越'儒教是否为宗教'这个聚讼不已的争议"，却没让人明白你是怎么超越的。在这里你只是用了一个障眼法罢了。后面你就吐露了真言，说:"当然，无论在形而下还是在形而上的层面，儒教与其他宗教都具有诸多的可比性，这也是其可以被看做宗教的初衷所在。"且不说这句话的

———————————

① 首发：儒学联合论坛（www. yuandao. com）；载于《庚寅"儒教"问题争鸣录》，河南人民出版社 2011 年版。

② 陈勇：《"基督教转化模式"非"基督教模式"——对黄玉顺教授就儒教问题再回应》，儒学联合论坛（www. yuandao. com）。

③ 黄玉顺：《再论当前儒教问题——对陈勇先生回应之回应》，www. yuandao. com。

语法错误，从大意上看，它恰好表明：把儒教看做宗教是你的初衷。还有，你说"中国传统社会的宗教信仰主要由儒、释、道三教合一的综合体来承担"。既然指出"儒"作为"综合体"之一个组成部分承担了宗教信仰，那么倘说"儒"不是宗教，又是怎么来承担的呢？因此，是你心里有鬼，明明认为"儒教"是宗教，又害怕别人来诘问，不愿承认，就造出"儒教宗教化"这么一个语义不通的词儿，还自以为很超然。

其次，你说"所以我所说的'儒教宗教化'，就是指其在形而下领域的现代转化，从刚性话语转变为柔性话语，从公共空间转进私人空间"。这个定义更加新奇了。人们不禁要问："现在的儒教理论是刚性话语么？它已广泛地参与了公共空间么？"在21世纪的中华人民共和国，情形是这样的吗？如果不是，那么你要"儒教宗教化"，岂不是先要设法使它成为"刚性话语"、"参与公共空间"，然后再将其转化？这岂止是逻辑混乱，简直有点颠三倒四了。

另外，你说"中国传统社会的宗教信仰主要由儒、释、道三教合一的综合体来承担"，不知道是从哪里得来的观点。佛教道家的宗教信仰由来已久，门徒众多，道观和寺庙建筑至今尚有遗迹。可是，这三教什么时候合而为一了呢？从各家的经典来看，佛祖释迦牟尼讲经的时候，并不曾邀孔子来旁听；而道德真君的真言里，也没有大讲儒家的"礼教"。它们究竟又是怎么合起来的？倘若说它们是各干各的，最终一起承担了传统社会的宗教信仰，那就不是什么"三教合一的综合体"，而是三个互不相干的单干户。这样讲，才符合逻辑啊。

接下来，我再谈一些自己的看法。由于眼下杂事太多，实在无暇面面俱到，只能拣择最关键的若干问题来谈谈，还望见谅。为了行文的简便，我采取以下"记流水账"的形式：先列出你的话，再谈我的看法，跟你商量。如下：

1."黄文说，拙文'儒教宗教化'这个表达，'本身已经承认了儒家儒学本来不是什么宗教，所以现在才需要宗教化。'请注意，黄文这里用'儒家儒学'偷换了'儒教'，并把它与'宗教'这个概念放在了同一个句子中，是在刻意扭曲我的原话。"

我之所以不用"儒教"而用"儒家儒学"，正是避免概念的混乱，因为在目前的讨论中，"儒教"已不是原来的含义，而是当前"儒教"论者的用法；否则，就如你所说，"造成了不必要的概念混淆"。其实，即便拙文不用"儒家儒学"而用"儒教"，仍不改变问题的实质：假如中国固有的"儒教"本来就是宗教，又何须"宗教化"？假如需要"宗教化"，那么中国固有的"儒教"显然就不是宗教。

2. "黄文……偷换了我所谓的'基督教的现代转化模式'，这与'基督教模式'是完全不同的两个概念。黄文之所以拿'基督教模式'说事，无非是为了莫须有地指控我主张按照基督教的样本来改造儒教，即'仿照西方基督教的模式构造出来的一种现代宗教'。但这是我的本意吗？……基督教也正是在这个过程中，从主宰一切、无所不能的整全性体系逐渐退缩和纯化到了'宗教'这一领域，凯撒的归了凯撒，上帝的归了上帝。……基督教的转化就是……它不再直接参与到公共话语空间，而是成为个人信仰空间的私事。所以我所说的'儒教宗教化'，就是指其在形而下领域的现代转化，从刚性话语转变为柔性话语，从公共空间转进私人空间，而包括基督教在内的其他宗教在现代社会的生存模式为儒教的重构提供了最好的参照。"

我想指出两点：（1）这里又出现了第三个概念"包括基督教在内的其他宗教在现代社会的生存模式"，这当然包含了"基督教在现代社会的生存模式"，而这显然不是说的"基督教的现代转化模式"（生存模式不是转化模式），但这二者（基督教的转化模式、基督教的生存模式），显然恰恰可以用"基督教模式"来概括。这就是说，我并没有"莫须有地指控"你啊。（2）我所担心的正是你所描绘的前景："儒教宗教化"将造成这样的后果，儒家儒学"从主宰一切、无所不能的整全性体系逐渐退缩和纯化到了'宗教'这一领域"；"从公共空间转进私人空间"；"不再直接参与到公共话语空间，而是成为个人信仰空间的私事"。是吾忧也！

3. "我无意强迫黄教授进行三段论式的逻辑推理，即黄文所谓的'如果不对"宗教这一现代概念的合法性"提出质疑，就不能不承认"儒教这个概念也有由前现代意义向现代意义转化的可能性"'，因为原命题还构不成一个三段论的结构。黄文非要把我的问题替换成'因为毛虫可以变为蝴蝶，所以雄狮可以变为青蛙'，令人啼笑皆非。我的本意是，'宗教'和'儒教'这两个概念都经历了从原初意义向现代意义的转化过程，而且其两种意义之间具有相当大的差异，从类比推理的原理来看，这两个概念原本应该受到相同的待遇。"

对此，我也指出两点：（1）"原命题还构不成一个三段论的结构"，也就是说，这个推理不能成立，这正是拙文所指出的你那篇文章所存在的逻辑问题：从"A 是 B"推不出"C 是 D"。逻辑推理的规则确实是具有"强迫"性的，没有办法回避。（2）拙文已经指明："儒教"是否转化和"儒教"向哪个方向转化，这是两个截然不同的问题，不能混同；承认"儒教"的转化并不意味着承认它应该转化为现代意义的宗教。

4. "至于黄教授拿宗教作为中西文化的分水岭，也是值得商榷的。梁漱溟认为西洋文化以基督教作中心，中国则以非宗教的周孔教化作中心，黄文也持相同的看法。""说基督教是西方文化的中心，并是宗教性的，这是可以说得过去的。但拿儒学与基督教作等量齐观的对比，则有值得商榷之处。首先儒学只是整个儒家传统的一部分，它没有包括天地信仰和祭祀礼仪等制度体系。其次中国传统社会的宗教信仰主要由儒、释、道三教合一的综合体来承担，而其中儒教在这方面只起次要和补充的作用。"

我赞同梁先生的观点：宗教问题"是中西文化的分水岭"。这恰恰是反对当前某些"儒教"论者"拿儒学与基督教作等量齐观的对比"。当然，你可以不同意梁先生的观点，这只是学术观点的问题。但你的两点论证理由却是值得商榷的：（1）你说"儒学只是整个儒家传统的一部分，它没有包括天地信仰和祭祀礼仪等制度体系"，这个观点恐怕就是可以商榷的。（2）你说"中国传统社会的宗教信仰主要由儒、释、道三教合一的综合体来承担，而其中儒教在这方面只起次要和补充的作用"，这同样是可以商榷的。尤其是你说"儒教""只起次要和补充的作用"，恐怕就连当前的许多"儒教"论者也会持反对意见。

5. "黄文区分了两种'国家意识形态'，即'刚性的、政治化的国家意识形态'和'柔性的、社会化的国家意识形态'，并宣称儒学'应该、而且必将成为一种柔性的公民社会的国家意识形态'，也就是成为我们这个民族国家的'基本的价值观念体系'。应该说，黄教授对儒家儒学的此种期望还是值得赞赏的。问题在于，如果儒教派和儒学派真如黄文所描述的那样，那么两者之间本就不存在根本的矛盾冲突，因为儒教派偏重把宗教化作为其现代转化的手段，而儒学派偏重的是其现代转化的最终结果。我不明白黄教授为何要对儒教派去之而后快。更重要的是，在象牙塔中空谈儒家儒学之学问，而忽视儒教在社会化和民间化道路上的发展，要想成为所谓柔性的国家意识形态，只能是镜花水月。皮之不存，毛将焉附？儒教传播的社会基础都没有了，儒学又如何能成为基本的价值观念体系。"

其实，这个问题我已在拙文中阐述得很清楚了：儒教派、儒学派的两种不同进路，将会导致两种截然不同的结果。前者欲使儒家儒学变成今天的道教、佛教和基督教那样的现代宗教，因此受到现代社会"政教分离"原则的限制；后者欲使儒家儒学成为更具普遍意义的基本价值观念体系，亦即成为一种柔性的国家意识形态。至于你对"在象牙塔中空谈儒家儒学之学问"的批评，乃至于说"儒学和儒教在大学殿堂里何曾被当做安身立命之学、人伦日用之学来讲过？"则显然是另外一个话题：儒家儒学乃至"儒教"是否需要思想学术的理论探讨？这使我想起孔子的话："德之不修，学之不讲，闻义不能徙，不善不能改，是吾忧也。"① 夫子对"学之不讲"是深感忧虑的。

最后谈谈你涉及我个人的研究、招生的问题："如果借鉴西方的学科分类就是科学主义的话，那么黄教授的生活儒学又作何解？不是也匍匐在海德格尔的存在主义'哲学'门槛之下么？更何况，黄教授自己不也是把'儒教研究'放在'宗教学'的框架下来打研究生招生广告的么？这又作何解释呢？"这也得分两点来说：

其一，关于"生活儒学"的问题。我简单说三层意思吧：（1）生活儒学与西方哲学和西方思想展开对话，怎么会是"借鉴西方的学科分类"呢？这与"科学"何干？（2）海德格尔从来就不认为自己的思想是"存在主义'哲学'"，这是学界常识。（3）说生活儒学"匍匐在海德格尔的存在主义'哲学'门槛之下"，这显然是因为没有读过本人的相关著述，这才导致的一种误解，因为在生活儒学的著述中，随处都是对海德格尔的批判、包括对

_____

① 《论语·述而》。

其最根本的思想观念的批判。呵呵！这里顺便打个广告：本人今年将会出版一本著作：《生活之外别无存在——儒学与现象学比较研究》。

其二，关于招"儒教研究"博士生的问题。呵呵！这迫使我再打一个广告：我虽然已调动工作到山东大学儒学高等研究院工作，并在山大招收博士生（儒家哲学、儒学与西方哲学比较研究）、硕士生（儒家哲学、中西比较哲学），但确实仍然继续在四川大学招博士生：除川大历史文化学院的"儒学思想"、"儒家思想史"方向外，还有你所谈到的川大宗教研究所的"儒教研究"方向。然而，问题在于："把'儒教研究'放在'宗教学'的框架下"，我的意思正是要带领学生研究现代"孔教"以来、直到目前的自认宗教的"儒教"现象，这有什么不妥呢？当今"儒教"论者应该对此表示欢迎啊？

鉴于时间、精力，恕我就谈这些吧。曾子说过："君子以文会友，以友辅仁。"我愿以此与你共勉！

2011 年 1 月 13 日

《庚寅"儒教"问题争鸣录》前言①

进入 21 世纪以来，中国大陆兴起了"儒学复兴运动"。这个运动多方面、多层次地展开，其中一个侧面就是关于"儒教"问题的讨论。讨论在达到一定程度以后，无法再深入下去，最近两年沉寂下来了。然而最近，"儒教"问题讨论再度兴起。其契机是：

2010 年（庚寅）12 月 9 日，新华网发表了一篇题为《对话世界文明：中国积极参与全球价值观讨论》的新闻报道，谈道："距离山东曲阜孔庙只有 3 公里的鲁城街道办事处于庄村的一片杨树林中，一座奠基碑安静地站在那里，不久的将来，这个地点将矗立起一座名为圣三一的基督教堂，为曲阜本地及来自世界各地的基督教信徒提供礼拜场所。"这则报道引起了儒家学者的高度关注。12 月 22 日，"中国儒教网"、"儒学联合论坛"等网站联合发布了十位儒家学者的《尊重中华文化圣地，停建曲阜耶教教堂——关于曲阜建造耶教大教堂的意见书》②，并在网上广泛征集签名支持。于是，"曲阜拟建教堂事件"迅速成为网络热点之一。

而这一轮"儒教"问题争论的具体缘由如下：2010 年 12 月 26 日，黄玉顺发表了《反求诸己：儒者何为——关于曲阜拟建基督教堂事件的几点

---

① 黄玉顺主编：《庚寅"儒教"问题争鸣录》，河南人民出版社 2011 年版。

② 郭齐勇等：《尊重中华文化圣地，停建曲阜耶教教堂——关于曲阜建造耶教大教堂的意见书》，儒学联合论坛（www. yuandao. com）。

思考》一文。① 此文除了表达作者反对在曲阜建基督教堂的态度以外，主要意在从另一个角度提出和思考问题，这个角度就是当前的"儒教"问题。这是因为，《意见书》明确提出：要求政府将"儒教"列为与佛教、道教、回教和基督教具有同等"身份"、享有"平等"地位的五大宗教之一。黄玉顺的文章对这一点表示异议，认为这将会给儒家儒学事业带来若干始料不及的后果。文章得到了一些儒家学者的支持，但同时也引起了一些"儒教"论者的反对，并且要求黄玉顺就以下这个问题做出明确的回答：假如当前的"儒教"成为正式注册的合法宗教之一，会对儒家儒学产生哪些后果？为此，黄玉顺于 2011 年 1 月 3 日发表了《儒家自有教法，不宜效法宗教——关于当前"儒教"问题的几点看法》一文。② 随之，围绕"儒教"问题，便出现了新一轮争论。

这一轮争论并不是过去讨论的简单重复，而是一种深入。有人认为："从任继愈先生 1978 年提出儒教说，开始研究'儒教'，至今，儒教研究已经经历了三个阶段：1978 年至 1980 年代中期为第一阶段，中心议题是'儒教是否宗教'；1980 年代中期至 2000 年为第二阶段，主要议题是'儒教是什么性质的宗教'；2001 年以来为第三阶段，突出议题是'重建儒教的途径'。"③ 言下之意，儒家儒学就是宗教，这一点是没有异议的了。这个判断其实并不合乎实际，这些年来，关于儒家儒学究竟是否所谓"宗教"一直存在着争议，许多学者并不认同儒家儒学就是所谓"宗教"。不仅如此，关于这一轮"儒教"问题讨论的意义，黄玉顺在一个跟帖中认为：

> 看来，由于曲阜拟建教堂事件，有一点已明晰起来：当代儒家有两大派：儒教派（school of Confucian religion）、儒学派（school of Confucian doctrine）。两派一致反对在曲阜建基督教堂，但具体的反对理由却有所不同。"儒教派"认为儒家儒学（Confucianism）本质上是一

① 黄玉顺：《反求诸己：儒者何为——关于曲阜拟建基督教堂事件的几点思考》，儒学联合论坛（www. yuandao. com）。

② 黄玉顺：《儒家自有教法，不宜效法宗教——关于当前"儒教"问题的几点看法》，儒学联合论坛（www. yuandao. com）。

③ 陈彦军：《儒教是现代儒家复兴的本色》，www. rujiazg. com。

种宗教（religion），因而致力于建立一种现代宗教意义的"儒教"、甚至成为"国教"；"儒学派"认为儒家儒学（Confucianism）本质上是一套完备整全的思想、理论、学说（theory or doctrine）（并非宗教意义的教义教条），因而致力于建构一种现代形态的"儒学"（儒家学说）、甚至成为某种形式的国家意识形态。或许，这两大派的合力才是当代儒家的完整面貌。

鉴于此次"儒教"问题争鸣的上述意义，特将有关文章编辑成集。

这次关于"儒教"问题的争论，网络上发表的言论很多。鉴于种种原因，这里只收录以下文章：

1. 只收儒家学者、儒者的文章，其他文章并不收录；

2. 只收成篇的、或者大致成篇的文章，大量的并不正式的发帖、跟帖并不收录；

3. 只收严肃的、思想学术的探讨，大量随感性甚至情绪性的言论并不收录；

4. 只收以实名或相当于实名发表的文字，大量以网名发表、不知作者真实姓名的言论并不收录。

我们相信，这一轮的"儒教"问题争论还会以某种方式继续下去。那么，这个文集算是一种"存档备案"吧。

质问"儒教":儒者何为?^①

这些年来，围绕儒家儒学究竟是否现代宗教意义的所谓"儒教"问题的争议不断。最近，争论再度热络起来。这缘于 2010 年 12 月 9 日新华网的一篇报道《对话世界文明：中国积极参与全球价值观讨论》：不久的将来，山东曲阜孔庙附近，一座占地 4 亩、高 41.7 米、可容纳 3000 人的哥特式基督教大教堂将会矗立起来。这篇报道引起了儒家的高度警觉。12 月 22 日，十位儒家学者发布了《关于曲阜建造耶教大教堂的意见书》，并在网上广泛征集签名支持。于是，这次事件迅速成为网络热点。

12 月 26 日，我发表了《反求诸己：儒者何为——关于曲阜拟建基督教堂事件的几点思考》，除了表达反对在曲阜建立基督教堂的态度以外，主要是从另一个角度——当前"儒教"问题的角度提出和思考问题。这是鉴于十位学者的《意见书》要求政府将"儒教"列为与佛教、道教、回教和基督教具有同等"身份"、享有"平等"地位的宗教之一，我对此表示异议，认为这将会给儒家儒学事业带来若干始料不及的后果。文章得到了一些儒家学者的赞同，但也引起了一些"儒教"论者的质疑，要我明确回答：假如"儒教"成为正式注册的宗教，究竟会对儒家儒学产生哪些后果？为此，我于 2011 年 1 月 3 日发表了《儒家自有教法，不宜效法宗教》。于是，围绕"儒教"问题的新一轮争论开始了。

---

① 原载《当代儒学》第 2 辑，广西师范大学出版社 2012 年版。

　　这一轮争论并不是过去讨论的简单重复，而是进一步的深入，敞现了更为重大的意义：当代儒家的两条路线问题。我在一个跟帖中说："看来，由于曲阜拟建教堂事件，有一点已明晰起来：当代儒家有两大派：儒教派、儒学派。两派一致反对在曲阜建基督教堂，但具体的反对理由却有所不同。'儒教派'认为儒家儒学本质上是一种宗教，因而致力于建立一种现代宗教意义的'儒教'、甚至成为'国教'；'儒学派'认为儒家儒学本质上是一套完备整全的思想、理论、学说，因而致力于建构一种现代形态的'儒学'（儒家学说）、甚至成为某种形式的国家意识形态。"鉴于争论的上述意义，我将参与此次争论的文章编辑成了《庚寅"儒教"问题争鸣录》一书（河南人民出版社 2011 年版）。

　　我反对将儒家儒学搞成现代宗教意义的"儒教"，因为它不仅不符合儒家的传统，而且不论对现代中国社会、还是对儒家儒学本身都是有害的。

　　"儒教"这个词语尽管出现很早，但并不是宗教的含义。儒家文化尽管有类似于宗教的功能，但远不止于此，而且这种宗教功能在儒家文化中并不具有根本的意义。儒教之"教"乃是"教化"的意思，包括六经之教：本源性的诗教；形而下的书教、礼教、春秋之教；形而上的易教；溯源性的乐教。[①] 只有易教的一个侧面——《周易》古经的神教（不含《周易》大传的理教）才是宗教性质的。儒家文化的核心、根本，乃是仁爱，而非宗教。所以孔子"不语怪力乱神"、"敬鬼神而远之"。

　　把儒家儒学改造成现代宗教性质的"儒教"，实非现代中国所需，恰恰相反，我们所需要的是富于爱心的儒家、长于理性的儒学。面对灾难，"从来就没有什么救世主"，我们需要大爱；面对危机，"博施于民而能济众"，我们需要大智。这就是儒家倡导的"仁且智"的精神。宗教并不能救中国。固然，我们需要信仰；但是，信仰并不等于宗教信仰。两千年来，中国人信仰"天理良心"而创造了辉煌灿烂的中华文明。

　　儒家儒学如果变成了现代宗教意义的"儒教"，这对儒家文化本身也是巨大的伤害，当年康有为建"孔教"就是前车之鉴。儒学有一种无神论的传统，讲求两个方面：一是"内圣""明德"，就是道德修养；二是"外

---

　　① 《礼记·经解》。

王""亲民"，就是修齐治平，"天下兴亡，匹夫有责"。作为宗教的"儒教"会将"内圣"引向虚无缥缈的上帝而非德性；会将"外王"方面束之高阁，在现代"政教分离"原则下成为私己的事情而与社会无关。

这涉及基本的思想方法问题：我们究竟需要"原教旨"的儒学还是现代化的儒学？是用"原教旨"来裁剪生活？还是顺应生活、"顺天应人"、"与时偕行"？我在一篇文章中曾说过："生活不是为儒学而存在的，儒学倒是为生活而存在的。"历史上，儒学是常新的，"日日新，又日新"，总是不断地回应当下生活的问题，从而建构出新的思想理论形态，这才表现出强大的生命力；今天，儒学同样需要自我更新、自我变革，以此解决当下生活的种种问题，才能获得自身的复兴。

这才是儒家所应当谋求的发展方向：在"明德"的基础上"亲民"，在德性修养的基础上积极广泛地参与现代社会建设。我在拙文《儒学与中国之命运——纪念五四运动 90 周年》中曾说过："现代国家意识形态存在着两种表现形式、或者说是两种实现途径：一种是刚性的、政治化的国家意识形态，比如说宗教性的'国教'或者非宗教性的官方思想体系，成为国家政治生活的一个根本的规范性、指导性的部分；而另一种是柔性的、社会化的国家意识形态，这实际上就是一个民族国家的基本的价值观念体系，它渗透在社会生活的方方面面，在大众媒介中受到正面的倡导、宣传、传播"；儒学"应该、而且必将成为一种柔性的公民社会的国家意识形态"。孟子说："可欲之谓善。"对于儒家儒学来说，这种柔性国家意识形态乃是可欲的。

五、附　录

预设的概念

H. 布斯曼、G. 于尔著　黄玉顺译

译者案："预设"（presupposition）概念出自语言哲学及语言学，但近年来却已广泛地出现在一般哲学研究领域、包括中国哲学研究领域的文本中。然而，国内哲学界关于"预设"的专题研究却迄今尚属空白。译者写过一篇《论科学与哲学中的信念与预设》，谈道："近年来我们注意到，'预设'这个词语在国内哲学领域的著述中日益频繁地出现，似乎正在成为哲学思维的一种不可或缺的话语；但是另一方面，对'预设'本身、尤其是它与哲学以及科学的关系的讨论却付阙如。其结果是'预设'这个术语的大量误用，同时它对于哲学的重要意义却并未得到适当的彰显。"① 为此，我们翻译了著名语言学家 H. 布斯曼、G. 于尔对于"预设"概念的专业解释，以供哲学界的读者参考。

一、布斯曼：《预设》②

预设是关于表达或话语之含意的一种不言自明的（含蓄而不言明的）设定。这个术语采自语言分析哲学（弗雷格、罗素、斯特劳森）。自 1970

---

① 黄玉顺：《论科学与哲学中的信念与预设》，见《儒家思想与当代生活——"生活儒学"论集》，光明日报出版社 2009 年版。此文译于 2003 年，曾发布于网上。

② 译自布斯曼《语言与语言学词典》英文版（Hadumod Bussmann's *Dictionary of Language and Linguistics*. English edition © Routledge 1996）的词条"预设"（presupposition）。

年以来，它已成为语言学里一个集中深入讨论的题目，并已导致了一些性质截然不同的界定。该术语还不是清楚明白的，一方面是因为从逻辑概念向自然语言的转移并不是由一套转换演算规则支配的；另一方面则是因为，即便在最好情况下，逻辑学和语言学的关系以及两者在自然语言分析中的角色也还是不清楚的（参见加纳尔 Garner 1971）。

以下定义对于逻辑学中的预设概念具有基本意义：

$s1$ 预设了 $s2$，当且仅当：$s1$ 隐含了 $s2$，并且非 $s1$ 也蕴涵了 $s2$。

例如，"法国现任国王是秃头"或"不是秃头"，都预设着"法国现在有一个国王"（罗素举的例）。预设的种种特征、或者关于预设的各种各样的观念，都可以由这个定义派生出来：

（1）预设是这样的条件，它必须得到满足，一个陈述才可以被赋予真值（参见斯特劳森 1952）；

（2）即使在否定命题下，预设仍保持为一个常值；

（3）预设指称着断定（＝陈述语句）。

这个领域的研究所首先应对的是充当主词（如上例中的"法国国王"）的特定表达之独立或存在的条件。

预设现象被覆盖于语法研究中的一系列久为人知的问题之下，这些问题诸如强调结构、主从关系、主题之于陈述、表情之于蕴含意义（转义）等等，因此，该术语在被使用时，部分地与这样一些相应的语言学概念同义，诸如："准蕴涵"（贝勒特 Bellert 1969）、"隐性范畴"（费尔莫 Fillmore 1969）、"主从关系"（麦考利 McCawley 1968）、"选择限制"（乔姆斯基 1965）。

预设概念从逻辑学向语言学的转移，既受到斯特劳森的影响（1950），又受到奥斯丁和舍勒（Searle）的"语言行为理论"的影响，并已带来了诸多争论：

（1）预设是说话者/听话者的语句、言说或态度之间的关系吗？

（2）它们是真值的逻辑语义学的、功能性的关系，并因此而是意义——具体针对语言系统（相对于言语的语言系统）水平的意义——的独立于上下文的①因素吗？

---

① 此处原文为 contest-independent，根据上下文内容及下文的 context-dependent（依赖于上下文），疑为 context-independent（独立于上下文）之误。

（3）抑或是语言表达之用法的依赖于上下文的——依赖于在言语水平上的语言行为和习俗惯例的——语用学的条件?① （参见舍勒 Searle、苏仑 Seuren、费尔莫、威尔逊 Wilson）

所有这些描述和整理的意图，在最后的分析中，都意在按语言的一种或更多标准来对预设概念加以模式化。在（1），即建立在句法或结构基础上的预设的情况下，存在着这样的困难，即预设依赖于诸如此类的现象：焦点、话题化及主从关系。而在（2），即建立在语义学、词汇学基础上的预设的情况下，则必须确定它是一个内在语义特征的问题，还是一个选择限制的问题。至于情况（3），即建立在语用学基础上的有关预设（它们对应于舍勒的"恰当条件"），它们对于内部语言描述（言外之意、引致的推断）在何种程度上是开放的，这也还是成问题的。下列语言指示词被觉得是所谓"预设诱发词"，也就是说，它们总能在所有可能想象得出的语境中导致同样的预设：指定名词短语、叙实谓词、量词限定、连词、小品词、句子的主—述划分（相对于述语的主题）、强调结构，主从关系、次范畴化、或者选择限制（参见雷斯 Reis 1977）。

关于预设的研究在语言学方法论中和在关于语言学的学科描述问题上已经并且仍将扮演一个中心角色。这一点在以下领域中已经是特别明显的了：不仅是在关于文本相关性（连贯性、黏着性）的问题中和在关于文本语言学里的文本结构成分的研究中，而且是在关于解释语义学（相对于一般语义学）、逻辑学（相对于语言学）、语言学（相对于语用学）和语言学（相对于百科全书知识）的讨论和描述中。在日常语言里，对预设的误用将导致语言操纵，例如，盘问者问被告："你打算什么时候停止殴打你的妻子?"否定一个明显的假定，常常要比反驳一个明确的陈述（会话分析、形式逻辑）更不容易。

---

① 原文"or are they context-dependent, pragmatic conditions of the use of linguistic expressions……"之前似应有一个（c），我们译为第（3）。这是因为下文提到了"And as far as（c），……"

二、于尔:《预设与蕴涵》①

在前面对指称的讨论当中,存在着对下述观念的诉求:说话者设定了特定的信息,该信息为听话者所已知。由于被处理为已知的,这种信息通常不被陈述出来,并且合乎逻辑地算做交流而非言说的一个部分。用以描述这种信息的两个不同方面的技术术语即预设和蕴涵。

首先值得指出的是,对于语用学来说,预设和蕴涵在过去比在今天更具有中心意义。在更晚近的态度中,人们已更少地表现出关于对这些现象的逻辑分析的技术性讨论类型的兴趣。然而,如果不对分析性讨论的类型加以一定的分析,就很难理解语义学与语用学之间的当前关系的发展情况。本章下述内容主要意在说明关于在对隐性意义的某些方面的分析中存在的若干问题的思考过程。让我们从定义术语开始吧。

预设是这样一种东西,说话者设定它为先在的、造成话语的格(事实状况)。预设为说话者而不是语句所具有。而蕴涵则是这样一种东西,它是继话语中之所断定的东西而逻辑地产生的。蕴涵为语句而不是说话者所具有。

我们可以辨认出某种与下列话语有联系的、潜在地设定的信息:

　　(1)玛丽的哥哥买了三匹马。

在这个话语的产生里,人们通常认为说话者有以下预设:有一个叫做玛丽的人,她有一个哥哥。这个说话者还可以持有更多的特定预设:玛丽只有一个哥哥,他很有钱。所有这些预设都是说话者的,而且它们实际上都可能是错误的。而例(1)被作为语句对待,则被认为具有若干蕴涵:玛丽的哥哥买了东西;买了三匹动物;买了两匹马;买了一匹马;以及许多其他类似的逻辑结果。这些蕴涵产生于这个语句,而不管说话者的信念实际上正确与

---

　　① 译自乔治·于尔《语用学》(George Yule:*Pragmatics. Oxford Introduction to Language Study.* Oxford University Press, 1996)第四章"预设与蕴涵"(Chapter 4. Presupposition and Entailment)。

否。它们被交流而无需言说。不过，由于其逻辑本性，在当代语用学里，人们对蕴涵的讨论，不及对更依赖说话者意念的预设的讨论。

1. 预设

在对该概念的许多讨论中，预设被处理为两个命题之间的关系。如果我们说：语句（2a）包含命题 p，语句（2b）包含命题 q，那么，用符号>>表示"预设"，我们就可以描述其关系为（2c）：

（2a）玛丽的狗很聪明。　　　　　（=p）

（2b）玛丽有一条狗。　　　　　　（=q）

（2c）p>>q

有趣的是，当我们通过否定（2a）（=非 p）而造成该语句的一个对立句时，有如（3a），我们发现预设关系仍然保持不变。这就是说，相同的命题 q，重复如（3b），继续为非 p 所预设，表现如（3c）。

（3a）玛丽的狗不聪明。　　　　　（=非 p）

（3b）玛丽有一条狗。　　　　　　（=q）

（3c）非 p>>q

预设的这种特性通常被描述为"否定下的恒常性"。根本上来说，它意味着：一个陈述即便被否定，原陈述的预设仍将保持不变（亦即仍然为真）。再举一个例子，考虑一下这种情况：你不同意（通过如〔4b〕否定）某人已经作出的陈述。

（4a）谁都知道约翰很快活。　　　（=p）

（4b）谁也不知道约翰很快活。　　（=非 p）

（4c）约翰很快活。（=q）

（4d）p>>q 并且非 p>>q

注意，尽管说话双方对于 p（即陈述〔4a〕）的正当性意见不一，但他们在作出他们的陈述时，都设定 q（即〔4c〕）为真。表现为（4c）① 的命题 q 在否定之下仍保持不变，亦即同时为 p 和非 p 所预设。

2. 预设的类型

在对于说话者之设定如何典型地予以表达的分析中，预设跟大量的词语、短语和结构的用法有联系。这里，我们还将考虑这样一些语言形式，如"潜在预设"的指示词。潜在预设只有在与说话者有关的语境中才能变为实际预设。

正如在上例（1）至（3）里已说明的那样，英语里的领属结构与关于存在的预设有关。"存在预设"设定了某种现时存在，这不仅表现在领属结构中（如"你的车">>"你有一辆车"），而且更一般地表现在任何动词短语②中。通过对例（5）中的任何一种表达的使用，说话者将被认定承认这些被命名的实体的存在：

（5）瑞典国王，这只猫，隔壁的姑娘，……

往后我们将进一步考虑存在预设的基础，这里我们首先应该指出在例（4）中存在着一种不同类型的预设。动词"知道"出现在一个结构里，这个结构就是"谁都知道 q"，以 q 为其预设。紧接在一个像"知道"这样的动词之后的这种预设信息可以被处理为一个事实，并且被描述为一个"事实预设"。其他若干动词，诸如例（6a）里的"意识到"和例（6b）里的"后悔"，以及包含着"是"的短语，如例（6c）里的"知道了的"、例（6d）里的"奇怪的"和例（6e）里的"高兴的"，都有事实预设。

（6a）她没有意识到他病了。（>>他病了）
（6b）我们很后悔告诉了他。（>>我们告诉了他）
（6c）我是不知道她已经结婚了的。（>>她已经结婚了）

---

① 原文为（4d），疑有误。
② "动词短语"疑为"名词短语"之误。

（6d）　他提早离开是并不奇怪的。（>>他提早离开了）

（6e）　对于这件事情过去了，我是高兴的。（>>这件事情过去了）

还有另外一些形式，最好被处理为词汇预设的来源。一般说来，在"词汇预设"里，对一种带有其断定意义的形式的使用，惯常被解释为另一种（非断定的）意义赖以得到理解的预设。每当你说某人"能够"做某事时，其断定意义是此人在某个方面是成功的。而当你说某人"未能"做某事时，其断定意义是此人是不成功的。然而在两种情况下，都有一个预设（非断定性的），即此人"已经尝试了"做某事。因此，"能够"惯常被解释为断定了"已经成功"同时预设了"已经尝试"。另外的例子，包括词条"停止"、"开始"、"再次"，其表述均是连带其预设的，诸如例（7）：

（7a）　他停止抽烟了（>>他过去经常抽烟）

（7b）　他开始抱怨。（>>此前他没有抱怨）

（7c）　你又迟到了。（>>你以前迟到过）

在词汇预设的情况下，说话者对特殊表达的使用被认为是预设了另一个（未陈述的）概念；而在事实预设的情况下，特殊表达的使用则被认为是预设了在它之后陈述出来的信息所指的事实。

再者，在与特定词语和短语有关的预设当中，还存在着"结构预设"。在这种情况下，特定语句结构已经被分析为惯常地、规则地预设了：结构的组成部分已经被设定为真实的。我们或许应该说：说话者可以使用这种结构来把信息处理成预设（亦即设定为真实的），从而使它被听话者接受为真实的。例如英语中的"何—问题"结构，如例（8a）和例（8b），惯常被解释为预设，表明"何—问题"形式之后的信息已知为真实情况：

（8a）　他是何时离开的？（>>他已离开）

（8b）　你在何处买的这辆自行车？（>>你已买了自行车）

例（8）里所说明的这种预设类型可以导致听话者相信所陈述的信息必

然是真实的，而不仅是提问者的预设。例如我们说：有一天晚上你站在十字路口上，一辆轿车穿过十字路口，你并没有注意到交通灯的红灯是不是已经亮了，那车立即撞上了，你目睹了撞车，稍后你问道，如例（9）：

（9）那车闯红灯时速度多少？

如果你按照这个提问回答这个问题（仅仅是回答这问题！）并估计那辆车的速度，那么你将表现为已接受了预设的真实（亦即预设那辆车闯了红灯）。这种基于结构的预设可以体现制造这种信息的微妙方法：说话者所相信的似乎就是听话者所应该相信的。

行文至此，我们仅仅考虑了预设在其中被设定为真实的语境。然而还有非事实性预设的例子，它们跟英语中的若干动词有关。"非事实性预设"是这样一种预设，它设定非真实性。例（10）所示的"梦见"、"想象"、"假装"这类动词即被用于其后继情况不真实的预设：

（10a）我梦见他很富有。（>>他并不富有）
（10b）我们想象我们在夏威夷。（>>我们并不在夏威夷）
（10c）他假装病了。（>>他没有病）

在对指示功能的讨论的末尾，我们已注意到一种结构，它由非事实性预设（"假如我有一艘快艇，……"）加以解释。确实，这种结构类型造成了一种"反事实性预设"，意味着其所预设的东西不仅不是真实的，而且正是真实的反面，或者说"与事实矛盾"。一般被称之为反事实条件句的这种类型的条件结构，如例（11）中所示，预设了：在说出话语之时，"如果-从句"中的信息不是真实的。

（11）你如果是我的朋友，就会帮助我。（>>你不是我的朋友）

非事实性预设的存在是对复杂结构话语作分析这个有趣问题的一部分，这个问题被称之为"投射问题"，将在下一个部分探索。

迄今所讨论的潜在预设的指示词，可以总结如下表4.1：

类型	例子	预设
存在的	这个 X	>>X 存在
事实的	我后悔离开	>>我离开了
非事实性的	他假装高兴	>>他不高兴
词汇的	他设法逃脱	>>他尝试逃脱
结构的	她死于何时？	>>她死了
反事实性的	要是我没有病	>>我病了

3. 投射问题

存在着一种基本的预期：当一个简单语句变为一个更复杂的语句的一部分时，这个简单语句的预设仍然为真。这是通常观念的一个看法：整个语句的意义是其各个部分的意义的组合。然而某些预设（作为"部分"）并不能幸存为某些复杂语句（作为"整体"）的意义。这被称作"投射问题"。例（12），在（12c）的简单结构里，预设 q（"凯丽病了"）被设定为真，但它并不"投射"到复杂结构（12h）中。我们将会看到对于这个预设来说将会发生什么情况。为了领会这种分析类型，我们必须考虑到这样一种情况：某人或许会说"我以为凯丽病了而没有人意识到她病了"。

（12a）没有人意识到凯丽病了。（=p）

（12b）凯丽病了。（=q）

（12c）p>>q

在这点上，说话者说出了（12a），而预设了（12b）。

（12d）我以为凯丽病了。（=r）

（12e）凯丽没有病。（=非 q）

（12f）r>>非 q。

在这点上，说话者说出了（12d），而预设了（12e），即与（12b）

相反。

    （12g）我以为凯丽病了而没有人意识到她病了。（=r 和 p）

    （12h）r 和 p>>非 q。

在这点上，当 r 和 p 组合起来之后，预设 q 不再被设定为真。

在像（12）这样的例子里，技术性分析可以是很简明易懂的，但若考虑到下述语境中的情况，这种分析也会非常困难：某人可以就像上述例子那样说话。或许例（13）会更好地语境化。在一个电视肥皂剧的一段情节里，两个人物之间有一段对话，如例（13）：

    （13）雪莱：真不幸。乔治后悔使玛丽怀孕了。

          吉恩：可他没有使她怀孕。我们知道。

如果我们从例（13）里把两人的话语组合起来，就会得到这样的结果："乔治后悔使玛丽怀孕了；但是他没有使她怀孕。"确认例如（14）当中的不同预设，我们就能看出：例（14b）中的预设 q 并没有幸存下来作为（14e）中的组合话语的预设。

    （14a）乔治后悔使玛丽怀孕了。（=p）

    （14b）乔治使玛丽怀孕了。（=q）

    （14c）p>>q。

    （14d）他没有使她怀孕。（=r）

    （14e）乔治后悔使玛丽怀孕，但他没有使她怀孕。（=p 和 r）

    （14f）p 和 r>>非 q。

思考表现在（14e）里的整个语句的一个办法是由一个人报道出来的一个话语：在那个肥皂剧里，那天发生了什么事情。当他说出（14e）时，他是不会设定 q（即乔治使玛丽怀孕）为真的。

对预设之不投射这个事实的一个简单的解释是：它们为蕴涵所破坏。回想一下，蕴涵是这样一种东西，它必然随所断定而来。在例（13）里，吉恩的话语"他没有使她怀孕"事实上蕴涵着一个作为其逻辑结果的"乔治没有使玛丽怀孕"。所以，当那个看肥皂剧的人告诉你"乔治后悔使玛丽怀孕，但他没有使她怀孕"时，你有了一个预设 q 和一个蕴涵非 q。这个蕴涵（所说之事的必然结果）比起较早设定的那个预设来说更为有力。

蕴涵的力量也可以运用于取消存在预设。我们通常设定，如在例（15a）的话语里那样，当一个人使用"这个 X"类型的限定性描述（例如"英格兰的这个国王"）时，他或她就预设了所描述的实体的存在。同时，如在例（15b）里那样，在"X 不存在"这种形式的任何话语里，都存在着没有 X 存在的蕴涵。但是，（15b）的说话者也仍然有那个关于所描述的实体存在着的预设吗？

（15a）英格兰国王访问了我们。
（15b）英格兰国王并不存在！

我们会认识到这里的蕴涵比预设更有力，而不是去考虑那个说出了（15）的说话者同时既相信存在着一个英格兰国王（＝预设）又相信不存在英格兰国王（＝蕴涵）。我们放弃存在预设。

如已经强调过的，最好是考虑到表 4.1 中所列"潜在预设"的所有类型，它们只有在说话者在话语本身中特意加以辨识时才变为实在预设。说话者实在可以指示出：潜在预设并不是强有力的现时设定。诸如"他的车"这样的领属结构具有潜在预设（即他有车），但是可以通过诸如例（16）中那样的"或者什么"之类的表达，使其成为不明确的、尝试性的。

（16a）那家伙在停车场干什么？
（16b）他在找他的车或者什么。

在（16b）里，说话者并没有承认"他有车"这个预设为一个已经设定的事实。值得记起的是，拥有预设的从来不是词语或者短语。只有说话者能拥有预设。

4. 有序蕴涵

一般来说，蕴涵并不是一个与说话者意义有关的语用学概念，而是被考虑为一个纯粹逻辑概念，用符号‖-表示。例（17）里的语句蕴涵的某些例子被描述如例（18）里：

　　（17）　罗维尔追猎三只松鼠。（=p）
　　（18a）　某物追猎三只松鼠。（=q）
　　（18b）　罗维尔对三只松鼠做了什么。（=r）
　　（18c）　罗维尔追猎三个东西。（=s）
　　（18d）　某事发生了。（=t）

在对（17）和（18a）之间的蕴涵关系的描述（p‖-q）中，我们有一个简单的符号化的逻辑结果。让我们说：在说出例（17）中的语句时，说话者必然承认了大量的"背景蕴涵"（表述于〔18a〕至〔18d〕中的只是其中一部分）为真。然而在话语（17）的任何场合下，说话者都将指示这些蕴涵将如何被排序。这就是说，说话者将典型地通过重音强调：在这些蕴涵中，哪一个被设定于突出地位，或哪一个为解释的蓄意表达的意义而显得更为重要。例如在话语（19a）中，说话者指示出："前突蕴涵"，从而其主要的设定是罗维尔追猎了特定数量的松鼠。

　　（19a）　罗维尔追猎**三只**松鼠。
　　（19b）　**罗维尔**追猎三只松鼠。①

在（19b）里，焦点转移到了罗维尔，其主要的设定在于是什么在追猎三只松鼠。英语中重音强调的一个功能是：通过这种方式，就清楚地排定了说话者在说出话语时作出的主要设定。这样，它允许说话者为听话者标定何为意念信息的焦点及什么被设定了。

――――――――――

① 原文是用大写字母拼写"三只"和"罗维尔"，表示重音强调；这里改用黑体表示。

英语中的一种称之为"'是'字分裂结构"① 的结构展示了一种非常类似的功能，如例（20）所示。

（20a）追猎松鼠的**是**罗维尔。
（20b）拿你的钱的不**是**我。

在以上两例中，说话者都能够传达他或她相信听话者已然所思的东西（亦即前突蕴涵）。在例（20b）中，前突蕴涵（某人拿了你的钱）是造成了适当的分摊讯息，以便否认个人责任。例（20b）中的话语可以用于将前突蕴涵归之于听话者而不用实际上陈述它（例如，作为一种可能的谴责）。这是所传达多于所陈述的又一例子。

三、布斯曼：《预设的测定》②

为了使预设与断定、含意（言外之意）、会话准则及语言行为（语言行为理论）区分开来，可以使用下述的为独白和对话或者组合关系设计的测验：

（1）否定测试法：测定断定和预设。按照定义，即使是在（严格有力的）否定之下，预设也是维持不变的，而断定和含意却会转向其对立面。不过，只有在某种确定条件下，否定测试法才充分有效，因为自然语言中的否定仅只对应于断定当中的逻辑否定，且其有效范围往往模棱两可，而依赖于强调和/或语境。对"卡罗琳画了这幅画"的否定，即"卡罗琳未画这幅画"，既可以指称卡罗琳、这幅画，也可以指称整个情景，这取决于对这句话的读取。尤其是在有小品词的句子里，对否定的正确读取显然并非总是可能的。

（2）言语行为类型的变化：相对于无变化的命题。用以测定命题"当今法国国王是秃头吗？"预设了"当今存在着一个法国国王"。

---

① 原文为"it-cleft construction"，硬译为"'它'字分裂结构"，但这在汉语中无法表达，汉语是用"是"字句来强调这种蕴涵焦点的。
② 译自布斯曼《语言与语言学词典》英文版的词条"预设的测定"（presupposition test）。

（3）连词"和"测试法：例如通过用"和"连接，意义（断定、命题、会话含意）的体态标记在给定言说之前或之后可被定位。这种方法建立在下述事实基础上：语法句子的预设可在连接之前、会话含意的预设可在其后加以定位，在两种位置上对于断定来说都是合理的。

（4）"但是"矛盾测试法：在先行言说中被预设者的明显的矛盾，导致不合语法的句子。

后　记

这本小书《儒教问题研究》里所收录的文章，从撰写到此次结集出版，前前后后将近十年，其间得到许多人的帮助，我要在这里表示由衷的感谢：

我首先要感谢的，当然是从原典儒家到现代新儒家的往圣先贤们。孔子说："君子道者三，我无能焉：仁者不忧，知者不惑，勇者不惧。"如果说，我通过这本小书的写作而多多少少取得了一点进步，那是因为他们的仁爱浸润了我，他们的智慧启迪了我，他们的勇气鼓舞了我。

我还要感谢的，则是当今的许多学者朋友（如蒋庆、陈明、鞠曦、陈勇等）甚至许多网友。孔子说过："三人行，必有我师焉。"《易传》说："君子以朋友讲习。"《诗》云："如切如磋，如琢如磨。"在与他们的切磋琢磨之中，这些朋友通过两种方式而帮助了我：他们与我相同的意见，鼓舞了我的信心；而他们与我不同的观点，则或者启发了我的思路，或者激发了我更加深入的思考。

我最后要感谢的，是我在山东大学儒学高等研究院的同事们，特别是曾振宇教授及人民出版社的大力支持，感谢他们为此书的出版所付出的劳动。

作　者

2012 年 2 月 12 日